Êxodo

Comentário Bíblico Paulinas
- Êxodo 15,22–18,27
- Jonas

LEONARDO AGOSTINI FERNANDES
MATTHIAS GRENZER

Êxodo

15,22–18,27

Dados Internacionais de Catalogação na Publicação (CIP)
(Câmara Brasileira do Livro, SP, Brasil)

Fernandes, Leonardo Agostini
   Êxodo 15,22 - 18,27 / Leonardo Agostini Fernandes, Matthias Grenzer. – São Paulo : Paulinas, 2011. – (Coleção comentário bíblico Paulinas)

   ISBN 978-85-356-2855-5

   1. Bíblia A.T. Êxodo - Crítica e interpretação   I. Grenzer, Matthias.   II. Título.   III. Série.

11-07454   CDD-222.1206

Índice para catálogo sistemático:
1. Êxodo : Livros históricos : Bíblia : Interpretação e crítica   222.1206

Direção-geral:
Bernadete Boff

Editores responsáveis:
Vera Ivanise Bombonatto
Matthias Grenzer

Copidesque:
Anoar J. Provenzi

Coordenação de revisão:
Marina Mendonça

Revisão:
Ruth Mitzuie Kluska

Assistente de arte:
Sandra Braga

Gerente de produção:
Felício Calegaro Neto

Projeto gráfico:
Telma Custódio

Capa e diagramação:
Manuel Rebelato Miramontes

1ª edição – 2011

1ª reimpressão –2011

Nenhuma parte desta obra poderá ser reproduzida ou transmitida por qualquer forma e/ou quaisquer meios (eletrônico ou mecânico, incluindo fotocópia e gravação) ou arquivada em qualquer sistema ou banco de dados sem permissão escrita da Editora. Direitos reservados.

Paulinas
Rua Dona Inácia Uchoa, 62
04110-020 – São Paulo – SP (Brasil)
Tel.: (11) 2125-3500
http://www.paulinas.org.br – editora@paulinas.com.br
Telemarketing e SAC: 0800-7010081
© Pia Sociedade Filhas de São Paulo – São Paulo, 2011

Introdução

"A liberdade não tem preço" ou "a liberdade é a empresa mais difícil de ser administrada". De vez em quando, o povo pronuncia-se dessa forma. De fato, trata-se de um bem procurado por todas as pessoas, sendo que a liberdade inclui aspectos políticos, econômicos, emocionais, culturais etc. Mais ainda: observa-se na história da humanidade que a liberdade, de tempos em tempos, é tirada de certas pessoas e que estas últimas, consequentemente, hão de iniciar uma nova dinâmica de libertação, a fim de recuperarem o bem perdido.

Também a fé judaico-cristã encontra-se intimamente ligada ao assunto da liberdade, porque essas duas religiões, de forma central, se propõem a favorecer e a mediar a liberdade para todos. "Na realidade, biblicamente falando, o tema da liberdade não é um entre outros, mas, com esse assunto, focaliza-se o próprio Deus" (CRÜSEMANN, 2001, p. 102). Seguindo, pois, as tradições contidas nas Sagradas Escrituras, a história da revelação do Deus de Israel, a história de Jesus de Nazaré e a presença histórica do Espírito Santo acontecem, de forma vertical e horizontal, onde se constrói e se experimenta a verdadeira liberdade do ser humano.

No entanto, justamente essa construção da liberdade revela-se uma tarefa que, aparentemente, ultrapassa as possibilidades e as forças do homem. Por isso, é importante que apareça um auxílio, capaz de eliminar tudo o que impede a liberdade. Neste sentido, as tradições bíblicas insistem, centralmente, na realidade de ser Deus quem oferece, de forma gratuita, a liberdade a seu povo. À comunidade, por sua vez, cabe o exercício de acolher essa graça, tornando-se, dessa forma, corresponsável na tarefa de guardar e transmitir tal dádiva. Enfim, a história do êxodo – narrada nos livros Êxodo, Levítico, Números e Deuteronômio – é um forte paradigma do alcance da liberdade como dom de Deus e compromisso do ser humano (cf. AZEVEDO, 2000).

A liberdade como concretização do êxodo, por sua vez, não foi algo tão simples assim, mas resultou em uma verdadeira experiência de Deus e de relações interpessoais no dia a dia, em uma luta pela saída do Egito e pela sobrevivência no meio do deserto, ao caminhar rumo à terra prometida. Aliás, três grandes etapas estão contempladas no projeto global do êxodo, ou seja, no processo comunitário da saída de uma sociedade opressiva:

a) partida do Egito (Ex 13,17–15,21);
b) passagem pelo deserto, em três etapas:
   do Mar dos Juncos ao Monte Sinai (Ex 15,22–18,27),
   no Monte Sinai (Ex 19,1–Nm 10,10),
   do Monte Sinai rumo à Terra Prometida (Nm 10,11–21,20);
c) chegada à Terra Prometida (Nm 21,21–Dt 1,5; 34,1-5).

Enfim, o caminho rumo à liberdade realiza-se através de uma dinâmica obediencial à voz de Deus, tanto por parte do líder, Moisés, quanto pelo povo eleito, Israel. Nesse sentido, Ex 15,22–18,27 constitui uma etapa fundamental, descrevendo, em seis episódios, o que acontece após a travessia do Mar dos Juncos até o povo acampar junto ao Monte Sinai. Ou seja: o projeto do êxodo não se limita ao momento da saída do Egito, mas inaugura uma nova fase na vida do povo guiado por Moisés. Afinal, não basta fazer a comunidade sair de uma terra e entrar em outra; muito mais, é preciso fazê-la experimentar, ao longo do caminho, as consequências da presença de um Deus que liberta, cuida e conduz o seu povo através dos seus mediadores.

Neste *Comentário*, Ex 15,22–18,27 foi abordado de forma sincrônica, seguindo e adotando o texto na sua forma final e canônica. Entretanto, não se deixou de tratar, quando necessário, dos pontos críticos que o texto em hebraico apresenta, oferecendo ainda elementos de filologia. Sobressaem, pela índole dos episódios, a aproximação e a aplicação do método da análise narrativa.

O percurso oferece uma nova tradução a partir do hebraico, textos paralelos e um comentário exegético-teológico de cada episódio. Antes deste, uma contextualização foi feita, a fim de favorecer a percepção do contexto, da composição e da beleza literária de cada narrativa. Dois novos tópicos foram introduzidos neste novo volume do *Comentário Bíblico Paulinas*. Em primeiro lugar, a necessária atualização pastoral, buscando, para os nossos dias, uma aplicação concreta dos pontos centrais que cada texto possui e oferece ao ouvinte-leitor atual. Em segundo lugar, apresentar o modo como os Padres da Igreja leram e comentaram esses textos. Juntamente, tais elementos querem favorecer não somente uma compreensão exegético-teológica dos textos, mas também dinamizar a leitura orante, ou seja, a *lectio divina* (*Verbum Domini*, nn. 86-87).

Resta dizer algumas palavras sobre o surgimento deste *Comentário*. A escolha de Ex 15,22–18,27 foi motivada pela temática do Mês da Bíblia no ano de 2011, proposta pela CNBB. Cultivamos a esperança de que o estudo aqui apresentado possa ajudar as comunidades, quando leem, estudam e meditam essas tradições bíblicas. Cremos, sobretudo, na possibilidade de que o confronto com a Palavra de Deus renove o seguimento, na prática, do que é apresentado como proposta nas Sagradas Escrituras. Assim, acontece o milagre de uma convivência alternativa, na qual se insiste na liberdade de todos, podendo este milagre ser novamente experimentado na Igreja e na sociedade.

Dividimos o trabalho. A tradução e as explicações referentes às primeiras três narrativas (Ex 15,22–17,7) foram elaboradas por Matthias Grenzer, ao passo que Pe. Leonardo Agostini Fernandes responde pelas três últimas narrativas (Ex 17,8–18,27) e pelo apêndice. Fizemos uma experiência agradável e fraterna. Ao lermos e discutirmos, de tempo em tempo, o que cada um tinha escrito, percebemos que os resultados revelavam uma grande sintonia. Justamente isso favoreceu, outra vez, a nossa impressão de que as tradições bíblicas – no caso, Ex 15,22–18,27 – apresentam uma reflexão que pode ser reconhecida, de forma igual, por ouvintes-leitores diferentes. Mais ainda: sem precisar anular diferenças secundárias, a Palavra de Deus é capaz de nos unir naquilo que é primário e essencial.[1]

Queremos agradecer, por primeiro, ao *Senhor Deus*, por ter-nos concedido a graça de realizarmos esse trabalho. Em segundo lugar, somos gratos a algumas pessoas que, com a sua ajuda, favoreceram a elaboração deste *Comentário*: às Irmãs Paulinas, tanto da comunidade do Rio de Janeiro como do Editorial em São Paulo, a Denise Marques, Rosa Maria, Francisca Grenzer e Anoar J. Provenzi.

Rio de Janeiro / São Paulo, em junho de 2011
Leonardo Agostini Fernandes
Matthias Grenzer

---

[1] Ambos os autores fazem parte de um Grupo de Pesquisa recém-formado: DIPRAI (As dimensões proféticas da religião do Antigo Israel).

Água em Mara e Elim
(Ex 15,22-27)

Contexto e composição

Inicia-se, com a narrativa de Ex 15,22-27, outra fase na vida do *povo* daqueles que conseguiram *sair*, fisicamente, da sociedade que os fez sofrer com duros trabalhos e uma política insistente na opressão violenta. Agora os anteriormente oprimidos estão livres, ao menos da perseguição direta, porque o opressor ficou, definitivamente, para trás. As *águas* do *Mar dos Juncos* engoliram-no, junto com seus aliados (cf. Ex 13,17-14,31). Mais ainda: o *povo* do êxodo pôde experimentar a libertação surpreendente e maravilhosa como ato de salvação realizado pelo *Senhor, Deus de Israel*. Por consequência, *Moisés, Miriam* e o *povo* transformaram sua compreensão de tais acontecimentos em *canto*, batuque e *dança* (cf. Ex 15,1-21), celebrando, de forma festiva, a nova liberdade.

Não obstante, a ausência do opressor é somente uma primeira necessidade, a fim de que o caminho rumo à liberdade possa ser trilhado. Sabe-se que o processo de os recém-libertos reconstruírem sua vida é bem mais demorado. Aliás, justamente a respeito disso as tradições do êxodo não enganam ninguém.

Nesse sentido, o *povo* dos *israelitas* sequer tem a possibilidade de desfrutar sua nova situação de liberdade por mais tempo. Logo experimenta a ausência de um bem necessário para sua sobrevivência: falta *água* potável em *Mara*. Surge, assim, um primeiro acontecimento dramático após a morte do opressor, o qual leva a *comunidade* do êxodo a experimentar desorientação, miséria e conflitos internos, mas também a providência divina e a necessidade de organizar-se juridicamente.

A narrativa em Ex 15,22-27 apresenta, ao leitor-ouvinte, um texto organizado em três pequenas unidades literárias. No caso, a primeira (v. 22a-25d) e última partes (v. 27), interligadas pelo motivo da *água*, molduram o segundo trecho, o qual apresenta, no centro da narrativa, o assunto da importância de um *direito* que deve ser fruto da experiência do êxodo (v. 25e-26g). Eis uma primeira ideia sobre a estrutura:

A água amarga de Mara transformada em água potável

v. 22:	Falta de água no deserto
v. 23:	Impossibilidade de *beber a água de Mara*
v. 24a-25d:	*Murmuração* e experiência da providência divina

A organização jurídica da comunidade

v. 25e-f:	*Imposição de lei e direito*
v. 26:	Convite para experimentar a *cura*, como resultado da adesão à ordem social *ensinada* pelo *Senhor*

A água abundante em Elim

v. 27:	Experiência de conforto no *deserto*

Tradução e paralelos

15 ²² Moisés pôs Israel em marcha a partir do Mar dos Juncos. E saíram rumo ao deserto de Sur. Caminharam durante três dias no deserto e não encontraram água. ²³ Chegaram a Mara. No entanto, não puderam beber a água de Mara, porque ela era amarga. Por isso, o nome dela foi chamado de Mara. ²⁴ E murmuraram – o povo contra Moisés –: "Que vamos beber?" ²⁵ E gritou ao Senhor. O Senhor, porém, o ensinou sobre uma madeira, a qual atirou na água. E a água tornou-se doce.

Ali lhe impôs prescrição e direito. E ali o pôs à prova. ²⁶ Disse: "Se, escutares realmente a voz de teu Deus e fizeres o que é reto a seus olhos, se ouvires seus mandamentos e guardares suas prescrições todas, nenhuma enfermidade que impus aos egípcios imporei a ti. De fato, eu sou o Senhor, aquele que te cura".

²⁷ E chegaram a Elim. Ali havia doze fontes de água e setenta palmeiras. Acamparam ali, junto à água.

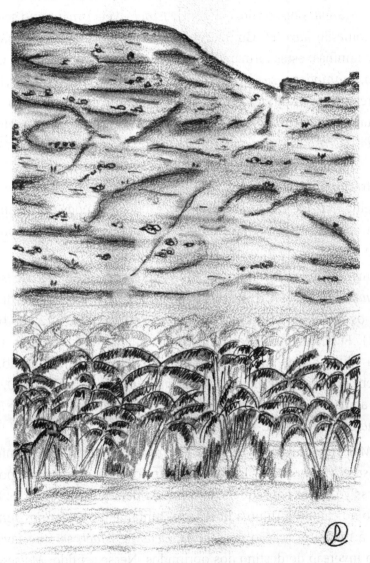

Figura 1: Oásis com palmeiras na península desértica do Sinai
(desenho de Luan Rocha de Campos).

Comentários

15 ²² Moisés pôs Israel[a] em marcha[b] a partir do Mar dos Juncos.[c] E saíram[d] rumo ao deserto de Sur.[e] Caminharam durante três dias[f] no deserto e não encontraram água.[g]

[a] Conforme as tradições do êxodo, o povo de *Israel* nasce no *Egito*. Ao *chegarem*, pois, os doze *filhos de Israel* – veja *Israel* como segundo nome de *Jacó* (cf. Gn 32,29) – às terras do rio Nilo, junto com suas famílias, estes formam apenas um clã de *setenta pessoas*. Contudo, *multiplicam-se*, até *a terra se encher com eles* (cf. Ex 1,1-7). Entretanto, o destino dos imigrantes *israelitas* muda no Egito. São brutalmente oprimidos. Quando, por sua vez, chega o momento da *saída* da *casa dos escravos* (cf. Ex 20,2), o processo de libertação não se limita a quem tem a mesma *descendência israelita*. Pelo contrário: junto com *Israel*, sai uma *massa numerosa* de gente não israelita (cf. Ex 12,38). Por isso, o êxodo não pode ser avaliado como projeto nacional unicamente israelita. Pelo contrário, prevê-se a libertação do povo inteiro dos oprimidos.

[b] Somente aqui se formula, de modo expresso, que *Moisés põe Israel em marcha* (cf. FISCHER; MARKL, 2009, p. 178). Em geral, diz-se que *os israelitas se põem em marcha* (cf. Ex 12,37; 13,20; 16,1; 17,1). Fica subentendido, no entanto, que *partem conforme* a ordem – literalmente: *a boca* – *do Senhor* (cf. Nm 9,18). Contudo, tal ordem pode ser intermediada *pela mão de Moisés* (cf. Nm 10,13). Ou, ao usar outra imagem: é a *nuvem* divina que determina se *Israel marcha* ou *não* (cf. Ex 40,36s).

[c] O *Mar dos Juncos* (cf. Ex 13,18) representa a libertação definitiva de *Israel*. Mais ainda: lembra a destruição do exército do poder opressivo e, por consequência, o fim da perseguição contra os que estão no caminho rumo à liberdade. Juntamente, o *Mar dos Juncos* traz à memória a ação do *Senhor*, *Deus de Israel*, sempre favorável à inversão do destino dos oprimidos. Nesse sentido, *Moisés*, ao *cantar* seu *canto* de vitória logo após a passagem pelo *mar*, insiste

na descrição da atuação maravilhosa do *Senhor*: *Atirou os carros do Faraó e sua tropa ao mar. E a elite de seus oficiais: foram afundados no Mar dos Juncos* (Ex 15,4). Ou seja: o *Mar dos Juncos* torna visível que *quem reina para sempre e eternamente* é o *Senhor* (Ex 15,18), e não quem tira a liberdade dos outros.

ᵈ O verbo *sair* (יצא) é uma palavra-chave nas tradições bíblicas. Ao ser usado, lembra sempre o projeto do êxodo, trazendo à memória a experiência histórica da *saída* do Egito.

ᵉ Comumente, procura-se pelo *deserto de Sur* na região nordeste da península do Sinai (cf. ZWICKEL, 2010, mapa 3). Nas tradições bíblicas, diz-se que *Sur está na frente do Egito, rumo à Assíria* (Gn 25,18; 1Sm 15,7). A palavra *Sur* (שׁוּר) ganha, em hebraico, o sentido de *muro*. Trata-se da região que "separa o território egípcio da terra dos nômades" (PROPP, 1998, p. 576).

ᶠ O tempo de *três dias* precisa ser entendido de duas formas. De um lado, indica um período muito curto após a salvação experimentada no *Mar dos Juncos*. Quer dizer: entre a libertação maravilhosa do poder mortal do *Faraó* e a primeira experiência de perigo de morte, agora em plena liberdade, passam-se apenas *três dias*. Enfim, a rápida passagem do canto de vitória (Ex 15,1-21) à primeira situação de miséria (Ex 15,22-27) ensina que a escassez e a ausência dos bens necessários para a sobrevivência se fazem presentes logo que o *povo se põe em marcha* rumo à liberdade. Mais ainda: ficar sem *água* no *deserto* significa, simplesmente, a morte para todo mundo.

De outro lado, na cultura religiosa do Antigo Israel o *terceiro dia* é também o momento em que *o Senhor faz seu povo reviver, erguendo-o novamente após ter sofrido uma catástrofe* (cf. Os 6,1-2). Enfim, espera-se que, "após se passarem *três dias*, aconteça algo decisivo (cf. Gn 22,4; Ex 3,18)" (cf. FISCHER; MARKL, 2009, p. 178).

ᵍ Por um momento, o ouvinte-leitor pode ter a impressão de que os *israelitas* tenham se perdido no meio do *deserto*. Há *três dias* que *caminham* nesse ambiente perigoso sem *encontrar água*.

Aumenta-se assim a dramaticidade. A repetição do termo *deserto* (מִדְבָּר) reforça o impacto no ouvinte-leitor, pois *deserto*, em hebraico, contém, literalmente, a ideia de "sem palavra". Além disso, há outro paralelismo que, retoricamente, reforça a ideia da ausência do bem material necessário para a sobrevivência: veja as expressões *não encontraram* e *não puderam beber* (v. 23b).

v. 23 Chegaram a Mara. No entanto, não puderam beber a água de Mara, porque ela era amarga.ʰ Por isso, o nome dela foi chamado de Mara.ⁱ

ʰ O *nome* do lugar chamado *Mara* é mencionado três vezes neste versículo. Contudo, o autor não pretende apresentar nenhum detalhe do contexto histórico-geográfico dessa localidade. Aliás, o lugar aparece, nas tradições bíblicas, apenas aqui e em Nm 33,8-9 (veja ZWICKEL, 2010, mapa 3). O autor esforça-se, sim, em realçar o caráter paradigmático da cena apresentada. A *chegada em Mara* parece ter sido fruto do acaso, pois, se os *israelitas* sabiam da *água amarga de Mara*, não faz sentido terem procurado pelo lugar, afinal *não podiam beber* ali. Outro pormenor torna a situação ainda mais dramática: se os *israelitas*, realmente, *chegam a Mara* com a esperança de saciarem sua sede, então a desilusão é grande. "Vislumbra-se uma solução (um lugar onde há água), mas ela decepciona. Com isso o problema apenas se agrava (a água não pode ser bebida)" (LOHFINK, 1988, p. 94).

ⁱ Em hebraico, língua em que o texto foi escrito originalmente, ouve-se aqui um jogo de palavras/sons na apresentação da "etiologia do nome" *Mara*, que significa *a amarga*, "porque havia ali uma fonte com água amarga" (SCHARBERT, 1989, p. 66). Além das três menções do *nome* de *Mara*, a raiz aparece uma quarta vez, na forma de um adjetivo, quando o autor explica que *a água de Mara* era *amarga*. Seja mencionado aqui que a palavra *água*, em hebraico, sempre aparece no plural (מַיִם) – cf. v. 22d.23b.25c.d.27b.c –, sem que isso alterasse o sentido.

Começa a ficar claro que o projeto da *saída* da sociedade opressora significa *sair rumo ao deserto*, sem que a comunidade conheça os lugares de descanso e de abastecimento. E, quando se *chega* a um lugar, pode ser que *não se encontre*, imediatamente, aquilo de que mais se precisa. Decepções e desilusões, desorientação e miséria podem ter que ser enfrentadas. Ou seja: o caminho rumo à liberdade pode ter de passar por *Mara*, por muitas *amarguras*.

E murmuraram – o povo contra Moisés –: "Que vamos beber?"ʲ   v. 24

ʲ O *povo* reage à situação de miséria. *Murmura*. Preocupa-se com o que é mais necessário: *Que vamos beber?* E não surpreende o fato de *murmurarem contra Moisés*. Afinal, *Moisés* assumiu, visivelmente, a liderança. Foi ele quem *pôs os israelitas em marcha*. Portanto, a *murmuração* é até "a reação normal dos conduzidos em relação a quem conduz, quando algo não está em ordem" (LOHFINK, 1988, p. 96). Isso vale de um modo especial para as situações nas quais a miséria ameaça a sobrevivência do *povo*. A falta de *água* potável no meio do *deserto* exige, pois, de forma urgente, uma solução. Aliás, a raiz *murmurar* (לין) perpassa as tradições da passagem do povo de Deus pelo *deserto*. Diversas narrativas trazem esse motivo. Mais ainda: é possível "distinguir entre dois tipos de histórias de murmuração: um tipo I, em que Deus elimina a causa de murmuração, e um tipo II, em que a murmuração é avaliada como rebelião e, por isso, castigada" (LOHFINK, 1988, p. 96). No caso de *Mara*, a *murmuração* do *povo contra Moisés* deve ser avaliada como "realização daquela liberdade que o próprio Deus do êxodo deu a seu povo. Trata-se da revolta de um povo que está sofrendo e que não está disposto a aceitar, passivamente, a miséria" (ZENGER, 1985, p. 69). No caso, a legitimidade do protesto está no fato de "Deus responder à murmuração remediando a falta de água, sem castigar o povo" (LOHFINK, 1988, p. 96). Contudo, acontecerão, futuramente, também *murmurações* ilegítimas e que serão castigadas.

v. 25 E gritou ao Senhor.ᵏ O Senhor, porém, o ensinou sobre uma madeira, a qual atirou na água. E a água tornou-se doce.ˡ
Ali lhe impôs prescrição e direito.ᵐ E ali o pôs à prova.ⁿ

ᵏ A reação de *gritar ao Senhor* tem a maior importância. Pelo texto hebraico, não está claro quem promove o *grito*. Como o sujeito fica no anonimato, pode-se pensar no *povo*, que é o sujeito da frase anterior. O texto hebraico do Pentateuco Samaritano, por sua vez, assim como diversas antigas traduções (cf. o texto grego da Septuaginta, o texto sírio da Peshita e o texto latino da Vulgata), optam pela mudança do sujeito, compreendendo *Moisés* como autor do *grito*. O mais importante, porém, é que *gritar* aproxima o leitor do mistério mais profundo da religião do *povo* bíblico: *Deus* escuta o *grito* do *povo* sofrido (cf. Ex 2,23-25; 3,7.9; 14,10; 22,22.26; Nm 20,16). Aliás, o credo do *israelita* encontra justamente no *grito* dos oprimidos seu centro: *Gritamos ao Senhor, o Deus de nossos pais, e o Senhor escutou nossa voz* (Dt 26,7). Portanto, a decisão de *gritar ao Senhor* causa esperança, pois foi justamente o *grito ouvido por Deus* que deu origem ao êxodo.

ˡ Parca em dados mais concretos, a narrativa não permite um "conhecimento do tipo da *madeira*" atirada *na água* (FISCHER; MARKL, 2009, p. 179). Será uma *madeira* ou *planta* medicinal? Em Ez 47,12, aparecem *folhas* de uma *árvore* ou *planta* (עֵץ) capazes de promoverem a *cura* (cf. PROPP, 1998, p. 581).

Em todo caso, surge um nítido contraste na narrativa: a *água*, que era *amarga*, *torna-se doce*. Trata-se de um processo de transformação, assim como é experimentado em qualquer processo de libertação. O que, no início, somente é *pranto*, *murmuração* e *lamento*, de repente passa a ser saboreado como algo *doce como mel* (cf. Ez 2,10; 3,3).

Enfim, *Mara* insere-se no meio daqueles lugares que representam a providência divina. Quer dizer: no caminho rumo à liberdade, podem surgir impasses, sobretudo a falta de determinados bens materiais como, no caso, a *água* potável. Todavia, também há a experiência de superação de tais impasses. Ao fazer uma releitura religiosa dos acontecimentos, *Israel* descobre que *Deus*, sempre de novo, está disposto a providenciar o que o *povo* precisa para sobreviver.

ᵐ A experiência da providência divina leva à reflexão sobre a importância de um determinado projeto jurídico, o qual é apresentado, nas tradições do Pentateuco, como fruto do êxodo. Nesse sentido, a narrativa sobre a transformação da *água amarga* em *água doce* prepara o leitor para outro processo transformador, o qual ainda está por acontecer. A experiência da libertação da escravidão no Egito, pois, dá origem a um amplo projeto jurídico. Trata-se da ideia de a liberdade reconquistada – como resultado da ação e graça divinas – ser protegida para sempre. Ou seja: nunca mais viver em uma sociedade opressiva, mas construir uma comunidade alternativa, fraterna e justa. O objetivo central do *direito* do Antigo Israel é, então, evitar o empobrecimento total de qualquer pessoa, garantindo a todos uma sobrevivência digna. Ou, com outras palavras: *por não cessar de ter o pobre no meio da terra*, é necessário ter um *direito* que manda *abrir a mão ao pobre e oprimido* (cf. Dt 15,11).

A formulação *o Senhor, porém, o (Moisés) ensinou sobre uma madeira* (v. 25b) já prepara o leitor para o novo tema. O verbo *ensinar* (ירה) lembra, pois, o substantivo *ensino* (*Torá* = תּוֹרָה). Com isso, os cinco livros de Moisés – o Pentateuco, formado pelos escritos de Gênesis, Êxodo, Levítico, Números e Deuteronômio – são trazidos à memória, sendo que este conjunto de textos forma, na religião do Antigo Israel, o *ensino* que contém o *direito* do *povo* de *Deus*.

Além do mais, é difícil, em v. 25e, identificar o sujeito anônimo: quem *impõe prescrição e direito* a quem? É o *Senhor* quem *impõe* um projeto jurídico a *Moisés* e/ou ao *povo*? Ou é *Moisés* quem *impõe* uma *prescrição* ao *povo*? De certo, não existe um contraste entre esses dois ângulos de visão. Praticamente, todo o processo de legislação no Pentateuco é ligado à figura de *Moisés*. O livro de

Gênesis – anterior à história do êxodo, na qual *Moisés* é o personagem central – contém pouquíssimas leis (cf. Gn 1,28; 9,1-7; 17,10-14). Quase que a totalidade das tradições jurídicas encontra-se nos livros de Êxodo a Deuteronômio. Nestes últimos, por sua vez, "o decálogo (Ex 20,1-17) é o único ensino não intermediado por Moisés". Mais ainda: "com a morte de Moisés em Dt 34, a fase da legislação cessa" (FISCHER, 2000, p. 97). Por isso, *Moisés* é o grande intermediador no que se refere às *prescrições* e ao *direito*. A origem da proposta jurídica, por sua vez, assim como todo projeto do êxodo, encontra-se em *Deus*. Nesse sentido, *prescrição* e *direito* pertencem ao *Senhor*.

Prescrição e *direito* em v. 25e "não são prescrições específicas – ainda não há indicação de nenhuma –, mas sim a relação básica entre Deus e o povo" (FISCHER, 2009, p. 179). Destacam apenas a circunstância de que o projeto religioso do êxodo é sempre também um projeto jurídico.

Finalmente, uma atenção ao campo semântico presente em v. 25-26, capaz de realçar a importância das tradições jurídicas na religião do Antigo Israel. O termo *prescrição* (חֹק) deriva de uma raiz verbal (cf. חקק) que permite imaginar algo *gravado*, *entalhado* ou *esculpido* em uma pedra ou um metal. Neste sentido, o que foi *inscrito* torna-se *prescrito*, estando, pois, à frente de seu leitor. O termo *direito* (מִשְׁפָּט), por sua vez, deriva da raiz verbal *julgar* (שׁפט). Afinal, o *direito* do Antigo Israel forma-se, nas coleções de leis presentes no Pentateuco, sobretudo a partir de *julgamentos* exemplares. No caso, cada lei casuística apresenta um *julgamento* paradigmático, o qual deve ser repetido ou aplicado em outras decisões jurídicas.

[n] Pela primeira vez, a comunidade do êxodo *é colocada à prova*. Trata-se de um teste, ou melhor, do pedido de que o povo *prove* sua fidelidade ao projeto do êxodo, o qual também é um projeto jurídico. Subentende-se aqui que Deus *coloca* seu povo *à prova* (cf. Ex 16,4; 20,20). Contudo, em outras circunstâncias, acontece o contrário. Ou seja: é também possível que *o povo coloque o Senhor à prova* (cf.

Ex 17,2.7). Nos dois casos prevalece a ideia de um relacionamento no qual cada lado é exigido pelo outro.

Disse: "Se, escutares realmente a voz de teu Deus e fizeres o que é ^{v. 26} reto a seus olhos, se ouvires seus mandamentos e guardares suas prescrições todas,º nenhuma enfermidade que impus aos egípcios imporei a ti.ᴾ De fato, eu sou o Senhor, aquele que te cura".ᑫ

º Uma lista formada por quatro meios versículos (v. 26b-e) apresenta as condições para o *povo* experimentar, futuramente, o *Senhor* como *quem cura* (v. 26g):

> *Se escutares realmente a voz de teu Deus*
> *e fizeres o que é reto a seus olhos,*
> *se ouvires seus mandamentos*
> *e guardares suas prescrições todas.*

Todas as exigências referem-se à observância do projeto jurídico *imposto* pelo *Senhor* através de seu mediador *Moisés*. O sujeito do verbo *disse*, no início de v. 26, está novamente oculto. Ao acompanhar, por sua vez, o início da fala direta, fica claro que é *Moisés* quem, em v. 26b-e, *diz* algo sobre *Deus*, dirigindo-se ao *povo*.

Observando os verbos nas exigências alistadas, tem-se a seguinte sequência: *escutar – fazer – ouvir – guardar*. O primeiro e o terceiro verbos são paralelos, assim como o segundo e quarto. Sublinham-se, literariamente, a importância de a comunidade dar ouvidos ao *ensino* teológico-jurídico do projeto do êxodo e a necessidade de levar esse *ensino* à prática.

Cresce a lista dos termos que indicam as tradições jurídicas. Aos conceitos já presentes anteriormente – veja as expressões *prescrição* e *direito* em v. 25e –, se junta agora o termo *mandamento* (v. 26d). De fato, *Israel* cultiva, em sua religião, a ideia de o *Senhor Deus* lhe *ordenar* algo. Ou seja: existe o ato de Deus *mandar* (צוה) em seu *povo*. O resultado disso são *os mandamentos dele* (מִצְוֹתָיו). Tal processo, no fundo, não é algo separado da experiência do êxodo, que é o "evento libertador primordial" na história do Antigo *Israel* (PONTIFÍCIA COMISSÃO BÍBLICA, 2009, n. 5). Pelo contrário, junto à "experiência de Deus" surge, em "segundo" lugar, a "moral" como "moral revelada", sem que esta última seja "secundária"; ou, em outras palavras: "Todos os atos com os quais Deus se revela têm uma dimensão moral pelo fato de que interpelam os seres humanos a conformarem seu pensamento e sua ação ao modelo divino" (PONTIFÍCIA COMISSÃO BÍBLICA, 2009, n. 4). Portanto, na medida em que as tradições jurídicas do Antigo Israel se inspiram na experiência histórica da *saída do povo da casa dos escravos no Egito*, elas são *direito* divino, por mais que tenham nascido em períodos posteriores. Nesse sentido, *Moisés*, em sua fala direta, apresenta *prescrição* (v. 25e), *direito* (v. 25e), *mandamentos* (v. 26d) e, novamente, *prescrições* (v. 26e) como *voz do Senhor Deus* (v. 26b) ou *aquilo que é reto aos olhos dele* (v. 26c).

De qualquer forma, em *Mara*, no meio do *deserto*, o *Deus* de *Israel* convida seu *povo* a "fazer sua vida depender de sua obediência a uma ordem social" e a esperar, dessa ordem, a salvação (LOHFINK, 1988, p. 143). Ou seja: querendo *guardar* sua nova liberdade para sempre, o *povo* do êxodo deve fundamentar sua existência no projeto jurídico que, daqui para frente, será apresentado. Afinal, as leis ainda esperam por seu anúncio, pois o *povo* está apenas em *Mara*. Até agora não chegou ao *Sinai*. Contudo, aproveitando as possibilidades de uma obra literária, o texto final do Pentateuco simplesmente antecipa, nesse momento, a importância da observância dos *mandamentos*.

p Em v. 26f-g, pelo que parece, passa-se diretamente da fala sobre o *Senhor* ao discurso promovido pelo *Senhor*. Ou seja: sem ser introduzido, o discurso direto de *Moisés* (v. 26b-e) transforma-se em fala direta do *Senhor*. Retoricamente, há a passagem do termo *suas prescrições todas* (כָּל) à expressão *nenhuma* (כָּל) *enfermidade*, sendo que, em hebraico, *todas* e *nenhuma* são a mesma palavra. Mais ainda: v. 26f não inicia com o verbo – o que é mais comum na frase hebraica –, mas antepõe o objeto direto *nenhuma enfermidade*. Além do mais, o duplo uso do verbo *impor* (cf. também a terceira presença do verbo em v. 25e) ajuda a tornar a frase mais enfática.

No contexto literário da história do êxodo, as *enfermidades* ganham plasticidade nas narrativas das dez pragas, quando os *egípcios* são feridos em sua própria terra (cf. Ex 7,14-11,10; 12,29-34): veja os *peixes mortos*, um *rio que cheira mal* e, por consequência, a falta de *água* potável (Ex 7,18), a *terra apodrecida* (Ex 8,10), *toda a manada morta* (Ex 9,6), a presença de *mosquitos* (Ex 8,12) e *moscas* (Ex 8,17), pessoas com *úlceras* e *pústulas* (Ex 9,9), *homem, gado, relva, árvores, linho* e *cevada* feridos pelo *granizo* (Ex 9,25.31), o *gafanhoto* comendo *toda a erva* e o *fruto das árvores* (Ex 10,14s), *trevas* (Ex 10,21) e, finalmente, a *morte de todos os primogênitos* (Ex 11,5). Nada, porém, leva o *Faraó* a *tornar-se humilde diante do Senhor* (Ex 10,3). Pelo contrário, cada vez mais fica com um *coração endurecido* (cf. Ex 7,22s). Assim, de forma literária, torna-se evidente que um sistema desumano, finalmente, aproxima a catástrofe a si mesmo (cf. LOHFINK, 1989, p. 133). O regime opressor experimenta, mais cedo ou mais tarde, a *força* do *Senhor Deus* (cf. Ex 9,16).

¶ Introduzido pela partícula dêitica (כִּי) – traduzida aqui como *de fato* –, v. 26g ganha maior destaque. Além disso, o texto hebraico apresenta uma frase nominal, em contraste com as frases verbais mais comuns nas narrativas. Mais ainda: trabalha-se com a fórmula de autoapresentação do *Deus* de Israel: *Eu (sou) o Senhor* (cf. Ex 7,17; 8,18; 10,2; 12,12).

A *cura* tem como alvo o *povo* dos que *murmuraram* (v. 24a). Não se trata de uma *cura* individual de uma ou outra pessoa, mas se visa à *cura* de todos, ou seja, daqueles que estavam sendo oprimidos e que, libertos da escravidão, têm agora a tarefa de construir uma sociedade alternativa e juridicamente organizada. A narrativa destaca essa realidade estabelecendo um forte contraste: de um lado, tem-se *o povo dos que são curados pelo Senhor* (cf. Sl 103,3) e, de outro lado, os *egípcios*, aos quais são *impostas as enfermidades* pelo *Senhor* (cf. Dt 7,15).

Contudo, ser *curado* pelo *Senhor* não significa poder cruzar os braços. Pelo contrário: exige-se a colaboração da *comunidade* dos libertos. Insiste-se na importância de estes últimos *escutarem a voz de Deus, fazerem o que é reto aos olhos dele, ouvirem os mandamentos dele* e *guardarem todas as prescrições dele*. É certo que a providência acompanha o *povo* – pois é sempre *Deus* quem garante a sobrevivência do homem –, mas o projeto do êxodo não quer estar limitado a ela. O *povo* eleito deve tornar-se corresponsável, deixando-se *ensinar* pelo *Senhor*, assim como *Moisés* o fez (cf. v. 25b). Somente assim revelar-se-á a verdade da qual fala também o salmista: *Ele envia sua palavra e cura-os* (Sl 107,20).

v. 27 E chegaram a Elim.ʳ Ali havia doze fontes de água e setenta palmeiras. Acamparam ali, junto à água.ˢ

ʳ Uma nova etapa é realizada (cf. Nm 33,9). O *povo* do êxodo chega a *Elim*. Traduzido do hebraico, o nome do lugar pode ser compreendido como *carvalhos* ou *deuses*. Hoje não é possível localizar *Elim*. Contudo, isso não significa que o lugar, historicamente, não tenha existido.

ˢ De um modo abundante, o *povo* do êxodo pode experimentar, outra vez, a providência divina. As doze *fontes de água* lembram as *doze* tribos de *Israel*. Também o número *setenta* ganha conotações simbólicas: traz à memória, de um lado, os *setenta descendentes de Jacó*, os quais estão na origem do nascimento do *povo* de *Israel* em terra estrangeira, ou seja, no *Egito* (cf. Ex 1,1-7); de outro lado, as *setenta palmeiras* lembram a instituição dos *setenta anciãos* (cf. Nm 11,16.24), os quais têm a tarefa de partilhar a liderança com *Moisés* (cf. Nm 11,16-29). Portanto, os números *doze* e *setenta* representam o *povo* de *Israel* (cf. FISCHER; MARKL, 2009, p. 180).

No mais, *setenta palmeiras* significam um conforto excelente, sobretudo na forma de sombra e frutos. Além disso, a notícia de os recém-libertos *poderem acampar perto das águas*, no meio do *deserto de Sur* (v. 22b) – *Elim* é, portanto, um oásis amplo –, dá a impressão de este momento incluir um maior bem-estar e descanso, sempre bem-vindos no duro caminho rumo à liberdade.

Com isso, as notícias sobre a transformação da *água* em *Mara* (v. 22a-26d) e a *água* abundante em *Elim* (v. 27) criam uma moldura para um trecho cuja linguagem e temática são diferentes (v. 25e--26g). No centro, pois, encontra-se uma reflexão teológica sobre a importância do projeto jurídico que nasce da experiência do êxodo. Enfim, em vista de um futuro, no qual o *povo* de *Deus* quer estar livre de todo tipo de *enfermidade*, hão de se cultivar as duas coisas: (1) a memória da estada em lugares onde se pode experimentar a providência divina e (2) a *observância* dos *mandamentos* de *Deus*.

Atualização pastoral

O perigoso caminho à liberdade

A vitória sobre o regime opressor significa apenas o ponto de partida no processo de libertação dos oprimidos. É somente a oportunidade de iniciar o perigoso caminho rumo à liberdade. Dentro de pouco tempo, pois, podem surgir situações marcadas pela escassez e ausência de bens materiais absolutamente necessários para a sobrevivência do *povo*. Além disso, a *comunidade* dos que caminham rumo a uma *terra* e realidade novas pode equivocar-se ao se estabelecer em determinado lugar. Como resultado, em vez de descansar, é preciso enfrentar decepções e desilusões. Resumindo: o caminho rumo à liberdade pode passar por *amarguras* capazes de ameaçarem a sobrevivência.

Murmurações legítimas

A ausência dos bens materiais, necessários para a sobrevivência, deve levar o *povo* a formular seu protesto, sendo que a reclamação precisa ser direcionada a quem assumiu a liderança. Trata-se de uma reação legítima de quem está experimentando miséria e perigo de morte. Nesse sentido, é preciso rejeitar uma postura marcada pela passividade que tolera a morte.

A importância do grito

Cultiva-se, ao contrário, a esperança de o *Senhor Deus escutar o grito* de seu *povo* sofrido, respectivamente, do líder profético da *comunidade*. Ou seja: existe a fé de que a comunidade possa experimentar a providência divina, a qual traz consigo um processo de transformação que resulta na superação dos mais diversos impasses, a fim de que *povo* continue seu caminho rumo à liberdade.

A providência divina transformada em lei

A experiência da *saída* da sociedade opressiva e da providência divina traz consigo a ideia de o processo de libertação poder ser transformado em um projeto jurídico. Dessa forma, imagina-se que a liberdade conquistada permaneça para sempre. Quer dizer: a sobrevivência digna de todos tornar-se-ia algo mais protegido.

Nesse sentido, a *comunidade* é convidada a valorizar um *direito* que espelha a vontade do *Senhor Deus*, que se revela favorável à libertação dos oprimidos. Há de crescer, portanto, a sensibilidade da *comunidade* em relação às *prescrições* capazes de promoverem a liberdade de quem não está livre. O cultivo de tal sensibilidade, de certo, passa pelo estudo dos *mandamentos* de Deus e, com isso, pelo projeto jurídico desenvolvido no Antigo Israel. Ou, com outras palavras: prevalece a ideia de que leis, na defesa de liberdade e justiça, podem ser extremamente úteis.

Resumindo: a experiência religiosa do Antigo Israel resulta em uma proposta jurídica. Surge, com isso, uma visão positiva das leis. Por consequência, o *direito* começa a favorecer a relação entre *Deus* e o *povo*. Dentro dessa cultura religiosa, Jesus também não invalida as antigas *prescrições*. Pelo contrário: "Afirma a validade permanente da Lei [...]. Juntamente com a Lei [...], dá a conhecer a vontade de Deus aos homens" (PONTIFÍCIA COMISSÃO BÍBLICA, 2001, p. 121).

Resta apenas um detalhe: é importante que os *mandamentos* do *Senhor* não sejam somente *ouvidos* ou *escutados*, mas *guardados* e *praticados*. Quer dizer: ao *ensino* das *leis*, há de se juntar a *prática* (cf. Mt 5,19). No final, deve-se chegar à paixão de *praticar o direito e amar a bondade* (cf. Mq 6,8).

Cura coletiva

O *Deus* do êxodo é exigente. Quer que seu *povo prove* sua adesão a ele, da mesma forma como ele se propõe a ser fiel à sua *comunidade*. Assim nasce uma relação nova, marcada pelo esforço constante dos dois, do *Senhor* e de seu *povo*.

Dessa forma, torna-se possível uma *cura*. Trata-se de uma *cura* não individual mas sim coletiva. Mais ainda: não é uma *cura* definitiva, mas uma habilitação dos anteriormente oprimidos, a fim de que eles, ajudados por seu *Deus*, possam assumir sua corresponsabilidade e construir, desde já, uma sociedade nova e alternativa.

Maná e codornizes no deserto de Sin (Ex 16,1-36)

Contexto e composição

A narrativa em Ex 16,1-36 forma a segunda cena no ciclo de histórias que apresentam, ao ouvinte-leitor, as etapas do *povo* do êxodo em seu caminho do *Mar dos Juncos* à *montanha do Sinai* (Ex 15,22–19,2). Ao destacar os acontecimentos em *Mara* e *Elim* (Ex 15,22-27), a narrativa anterior gira em torno do motivo da falta de *água* potável e da questão de o *povo beber* no meio do *deserto* (cf. Ex 15,24). A narrativa em Ex 16, de certa forma, dá continuidade ao tema de o *povo*, em seu caminho rumo à liberdade, confrontar-se com situações marcadas pela falta de bens materiais necessários para a sobrevivência. Nesse caso, atravessando *o deserto de Sin*, a alimentação não está garantida. Falta comida.

Com trinta e seis versículos, a narrativa em Ex 16 é bem mais extensa do que a narrativa anterior (Ex 15,22-27) e a posterior (Ex 17,1-7). Observa-se, portanto, que duas narrativas mais curtas, as quais giram em torno do motivo da *sede*, emolduram uma narrativa mais longa, cuja trama é ligada à *fome*.

Ao ler a narrativa em Ex 16, salta aos olhos a alternância rápida e constante entre a voz do narrador e os discursos diretos das personagens participantes da história, todos eles introduzidos, de forma expressa, pelo narrador. No total, há catorze falas diretas, o que talvez revele um planejamento consciente por quem compôs o texto ou por quem foi responsável por sua redação final. O número "sete" e seus múltiplos, pois são usados pelos poetas hebreus como elemento estilístico.

Três discursos diretos pertencem ao *Senhor, Deus de Israel* (cf. v. 4-5.11-12.28-29). São interligados pelo fato de todos trazerem o termo *pão* como palavra-chave. Mais ainda: observa-se uma estrutura concêntrica. Pois o primeiro e terceiro discurso do *Senhor*, junto à temática do *pão*, insistem no assunto do *sábado*, ao passo que o segundo discurso ganha destaque por apresentar a fórmula de autoapresentação: *Eu sou o Senhor, vosso Deus*.

Outros dois discursos diretos pertencem aos *filhos de Israel* (v. 3.15c). Primeiro, a *comunidade* do êxodo expressa sua necessidade, dando, através de sua *murmuração*, origem à trama. Acusa *Moisés* e *Aarão* de terem trazido o *povo* ao *deserto*, a fim de *fazê-lo morrer de fome* (v. 3). Mais tarde, a fala direta mais curta, formada por apenas duas palavras, realça o sentimento de surpresa dos *filhos de Israel* diante do milagre a ser experimentado. Trata-se de uma pergunta curta – *O que é isso?* (v. 15d) –, a qual identifica o *povo* dos libertos como quem *desconhece* o *pão do céu*.

Nove discursos diretos, por sua vez, pertencem a *Moisés*, sendo que ele divide sua primeira fala com seu *irmão Aarão* (cf. v. 6-7.8.9.15f-16.19.23.25-26.32.33). Como o primeiro discurso responde à acusação inicial realizada pelos *filhos de Israel* – sendo que estes dirigem sua *murmuração contra Moisés e contra Aarão* –, faz sentido que os dois *irmãos* deem, juntamente, sua resposta.

Enfim, a narrativa em Ex 16 marca o início de uma etapa importante e longa na história do êxodo. Começam, pois, aqui os *quarenta anos de maná*, tempo que se estende até o momento da *chegada à terra habitada* (v. 35; cf. também Js 5,10-12). Aliás, o motivo da *chegada* assume função de moldura em relação à narrativa longa em Ex 16, formando uma inclusão: veja a *chegada ao deserto de Sin*, no início (v. 1), e a ideia da *chegada à terra habitada* em v. 35, praticamente no final da história.

Eis uma previsão dos trechos que compõem a narrativa:

Uma fome desesperadora

v. 1-3: A *murmuração* dos *israelitas*

A promessa de o povo ter alimento

v. 4-5: O *Senhor* como doador do *pão celeste* e quem *ensina*

v. 6-9: A satisfação da *fome* como experiência da *glória do Senhor* e resposta a *murmurações* que devem ser *escutados*

v. 10-12: A *aparição* da *glória do Senhor*, trazendo consigo a perspectiva de o *povo comer*

A presença constante dos alimentos

v. 13-18: A *colheita* do novo *pão*, guardando-se o princípio da proporcionalidade

v. 19-22: A desnecessidade de estocar o alimento

A importância do repouso

v. 23-26: O projeto do *sábado*

v. 27-30: A *rejeição* e a acolhida do *mandamento* do *sábado*

O maná e a memória dele

v. 31: Nome e consistência do *maná*

v. 32-34: O *maná* como *algo a ser guardado*

v. 35: A atuação sacerdotal de *Aarão* em vista do *maná*

v. 36: Explicação da medida do *gômor*

Tradução e paralelos

16 ¹ Puseram-se em marcha a partir de Elim. E todos da comunidade dos filhos de Israel chegaram ao deserto de Sin, entre Elim e o Sinai, no décimo quinto dia do segundo mês após eles terem saído da terra do Egito. ² No entanto, no deserto, todos da comunidade dos filhos de Israel murmuraram contra Moisés e contra Aarão. ³ Os filhos de Israel disseram-lhes: "Quem dera nós termos morrido pela

Ex 16 // Nm 11
Dt 8,3.16; Sl 78,20; 105,40; Sb 16,20; Jo 6,26-58

mão do Senhor na terra do Egito, sentados junto à panela de carne e comendo pão até a saciedade! De fato, fizestes-nos sair rumo a este deserto, a fim de deixar toda essa assembleia morrer de fome!"

⁴ O Senhor disse a Moisés: "Eis que sou eu quem faz chover pão do céu para vós! O povo sairá. A cada dia, colherão a porção de um dia, e assim o porei à prova: será que caminhará, ou não, conforme meu ensino? ⁵ E no sexto dia, quando disporem o que trazem, haverá o dobro do que colhem todo dia".

⁶ Moisés, junto com Aarão, disse a todos os filhos de Israel: "À tarde, sabereis que o Senhor vos fez sair da terra do Egito. ⁷ E, pela manhã, vereis a glória do Senhor, ao ele escutar vossas murmurações contra o Senhor. Quem, porém, somos nós, para que murmureis contra nós?"

⁸ E Moisés disse: "Ao, à tarde, vos dar, o Senhor, carne para comer e, pela manhã, pão para vos saciardes; ao escutar, o Senhor, vossas murmurações – uma vez que vós sois murmuradores contra ele –, quem somos nós? Vossas murmurações não são contra nós! De fato, são contra o Senhor!"

⁹ E Moisés disse a Aarão: "Dize a toda a comunidade dos filhos de Israel: 'aproximai-vos do Senhor, porque escutou vossas murmurações!'"

¹⁰ Aconteceu, pois, que, ao Aarão falar a toda a comunidade dos filhos de Israel, se viraram para o deserto. Eis que a glória do Senhor apareceu numa nuvem. ¹¹ E o Senhor falou a Moisés: ¹² "Escutei as murmurações dos filhos de Israel. Dize-lhes: 'Entre as (duas) tardes, comereis carne e, pela manhã, vos satisfareis com pão'. E sabereis: de fato, eu sou o Senhor, vosso Deus!"

¹³ E aconteceu que, à tarde, subiu um bando de codornizes e cobriu o acampamento; e, pela manhã, houve uma camada de orvalho ao redor do acampamento. ¹⁴ A camada de orvalho evaporou-se. Eis que houve, na superfície do deserto, algo fino e flocoso, ou seja, algo fino como a geada sobre o solo. ¹⁵ Os filhos de Israel viram-no

1Cor 10,3

e disseram – cada um a seu irmão –: "Isso é maná!" De fato, não sabiam o que é isso. Moisés disse-lhes: "Isto é o pão que o Senhor vos deu como comida! ¹⁶ E esta é a palavra que o Senhor ordenou: 'Colhei dele, cada um conforme seu comer, um gomor por cabeça! Que pegueis segundo o número de vossas pessoas, cada um de acordo com quem estiver em sua tenda!'". ¹⁷ E os filhos de Israel fizeram assim. Colheram muito e pouco. ¹⁸ Mediram em gomor: não sobrou a quem juntou muito; quem juntou pouco não sentiu falta. E colheram, cada um conforme seu comer.

2Cor 8,15

¹⁹ E Moisés disse-lhes: "Que ninguém deixe restar dele até a manhã seguinte!" ²⁰ No entanto, não escutaram Moisés. Uns homens deixaram restar dele até a manhã seguinte. Então, encheu-se de vermes e fedeu. E Moisés irritou-se com eles. ²¹ Colheram-no, manhã após manhã, cada um conforme seu comer. Quando o sol esquentava, se derretia. ²² E aconteceu no sexto dia que colheram pão em dobro, dois gomores para cada um. Então, vieram todos os chefes da comunidade e anunciaram-no a Moisés.

²³ E disse-lhes: "É isso que o Senhor falou: 'Amanhã é sábado, um sábado santo para o Senhor! Cozinhai o que quiserdes cozinhar! Fervei o que quiserdes ferver! Depositai, até a manhã seguinte, o que sobra como algo a ser guardado!'" ²⁴ Depositaram-no até a manhã seguinte, assim como Moisés mandou. E não fedeu, e as larvas não ficaram nele. ²⁵ Moisés disse: "Comei-o hoje, porque hoje é um descanso para o Senhor! Hoje não encontrareis nada no campo. ²⁶ Colhê-lo-eis durante seis dias, mas, no sétimo dia, haverá descanso. Nada existe nele". ²⁷ No sétimo dia, porém, alguns do povo saíram para colher, mas nada encontraram. ²⁸ O Senhor disse a Moisés: "Até quando? Rejeitastes a guardar meus mandamentos e meu ensino! ²⁹ Vede: de fato, o Senhor deu o descanso a vós! Por isso, no sexto dia, é ele quem dá o pão de dois dias a vós. Assentai-vos, cada um em seu local! Que ninguém saia de seu lugar no sétimo dia!" ³⁰ E descansaram – o povo – no sétimo dia.

v. 33: Hb 9,4

³¹ E proclamaram – a casa de Israel – seu nome: Maná! Ele era como semente de coentro, branco. E seu sabor era como bolo com mel.

³² Moisés disse: "Eis a coisa que o Senhor mandou: enchei com ele um gomor, como algo a ser guardado para vossas gerações, a fim de que vejam o pão que vos deixei comer no deserto, ao fazer-vos sair da terra do Egito!" ³³ E Moisés disse a Aarão: "Pega uma jarra, coloca ali o que enche o espaço de um gomor de maná e deposita-o diante do Senhor como algo que deve ser guardado para vossas gerações!" ³⁴ Conforme o Senhor mandara a Moisés, Aarão depositou-o diante do Testemunho, como algo a ser guardado. ³⁵ Os filhos de Israel comeram o maná durante quarenta anos, até eles chegarem à terra habitada. Comeram o maná até eles chegarem aos confins da terra de Canaã. ³⁶ O gomor: ele é a décima parte do efá.

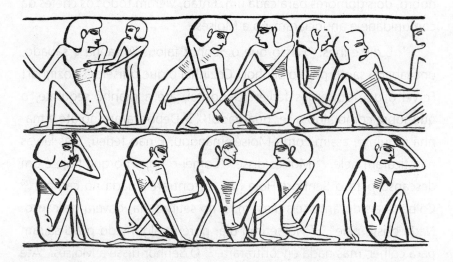

Figura 2: Nômades famintos no deserto; relevo de pedra calcária em Saqqara, da quinta dinastia dos faraós (2480-2350 a.C.) (KEEL, 1996, p. 66).

Comentários

Puseram-se em marcha a partir de Elim.[a] E todos da comunidade dos **16** [1] filhos de Israel[b] chegaram ao deserto de Sin, entre Elim e o Sinai,[c] no décimo quinto dia do segundo mês após eles terem saído da terra do Egito.[d]

[a] *Elim* é um lugar que oferece conforto. Trata-se de um oásis, no meio do *deserto*, com *doze fontes de água* e *setenta palmeiras*, onde se pode *acampar junto à água* (cf. Ex 15,27). Mesmo assim, é preciso "partir sempre de novo, despedindo-se justamente do que atrai e do que é agradável", até alcançar o destino final previsto pelo *Senhor Deus* (FISCHER; MARKL, 2009, p. 182).

[b] *Todos da comunidade dos filhos de Israel* avançam, junto com seus líderes *Moisés* e *Aarão*, em seu caminho rumo à Terra Prometida. Realça-se a ideia de que o projeto da conquista da liberdade quer envolver a *todos*. Ninguém deve ficar parado, mas cada um deve assumir sua responsabilidade, *pondo-se em marcha*. Tal realidade encontra-se sublinhada pela circunstância de a narrativa insistir, por outras três vezes, na expressão composta de *todos da comunidade dos filhos de Israel* (cf. כָּל־עֲדַת בְּנֵי־יִשְׂרָאֵל em v. 1.2.9.10). Além disso, *todos* ou, simplesmente, *os filhos de Israel* (בְּנֵי־יִשְׂרָאֵל) são mencionados em v. 3.6.12.15.17.35, a *casa de Israel* (בֵּית־יִשְׂרָאֵל) em v. 31, o *povo* (עַם) em v. 4.27.30 e a *assembleia* (קָהָל) em v. 3. Ou seja: quinze vezes, a narrativa menciona o grupo inteiro dos libertos.

[c] O nome do *deserto de Sin* (סִין) lembra o nome do *deserto* e da *montanha* do *Sinai* (veja סִינַי em 19,1-2), por apresentar a mesma palavra apenas de forma mais curta. Mais ainda: é possível imaginar que "*o deserto de Sin* seja, como o *Sinai*, um lugar de legislação, sendo que o *mandamento* do *sábado* já aparece no horizonte" (PROPP, 1998, p. 592).

Uns localizam o *deserto de Sin* no noroeste da península do *Sinai*. Neste caso, o *povo* do êxodo parece ter voltado em direção a seu ponto de partida. Pois o *deserto de Sur*, mencionado em Ex 15,22, é localizado mais ao sul da península do *Sinai* (cf. ZWICKEL, 2010, p. 15). Tal ideia combina, de certa forma, com o que está sendo dito em Nm 33,10s: o *povo* passa, mais de uma vez, no *Mar dos Juncos*. Outros pesquisadores, porém, avaliam a localização do *deserto de Sin* como incerta (cf. FISCHER; MARKL, 2009, p. 182).

[d] Conforme a cronologia proposta nas tradições do êxodo, o *primeiro mês* (cf. Ex 12,2) – chamado de *Abib* (cf. Ex 13,4) – é aquele em que *a comunidade de todos os filhos de Israel*, ainda no *Egito*, celebra o primeiro *sacrifício da páscoa* (cf. Ex 12,27), *imolando* os animais, *ao entardecer*, no *dia catorze desse mês* (cf. Ex 12,6). Naquela mesma noite, após *o Senhor ter ferido todos os primogênitos na terra do Egito* (Ex 12,29), os *filhos de Israel erguem-se* (Ex 12,31) e *põem-se em marcha* (Ex 12,37), rumo à liberdade. Portanto, ao se mencionar, em v. 1, *o décimo quinto dia do segundo mês*, passou-se, exatamente, um *mês* desde a *saída da terra do Egito*. Outros dois meses depois, ou seja, no *terceiro mês após a saída do Egito*, *os filhos Israel* já *vão acampar adiante da montanha do Sinai* (cf. Ex 19,1-2).

Enfim, em v. 1, o ouvinte-leitor precisa imaginar que, após um *mês de marcha no deserto*, já não sobra mais nada da *massa não levedada* – da qual podiam ser feitos pães *ázimos* –, levada pelos *israelitas* no momento da *saída* (cf. Ex 12,34) (cf. PROPP, 1998, p. 592). Pelo contrário, a *fome* se faz presente agora em meio a *toda a assembleia* (v. 3).

v. 2 No entanto, no deserto, todos da comunidade dos filhos de Israel murmuraram[e] contra Moisés e contra Aarão.[f]

[e] Como a narrativa anterior, também Ex 16 faz parte das histórias de *murmuração* (cf. a nota explicativa a Ex 15,24). No caso, a *queixa* do *povo* ganha maior destaque através do uso do elemento

estilístico da repetição. Quatro vezes aparece o verbo *murmurar* (לִין) – cf. v. 2.7^{2x}.8 – e cinco vezes o substantivo que deriva da mesma raiz, sendo que as tradições da Bíblia hebraica somente o apresentam no plural – cf. as *murmurações* (תְּלֻנּוֹת) em v. 7.8^{2x}.9.12.

f Dessa vez, a *murmuração do povo* não se dirige apenas *contra Moisés* (cf. Ex 15,24), mas *também contra Aarão*. No texto hebraico, a preposição *contra*, de fato, é repetida, o que realça o conflito. *Aarão* – como *Moisés*, filho de *Amram* e *Jocabed* (cf. 6,20) – é mencionado por seis vezes na narrativa (cf. v. 2.6.9.10.33.34), enquanto o nome de *Moisés* aparece por dezessete vezes (cf. v. 2.4.6.8.9.11. 15.19.20^{2x}.22.24.25.28.32.33.34). Importante observar a função e a importância que cada *irmão* ganha no decorrer da narrativa.

Os filhos de Israel disseram-lhes: "Quem dera nós termos morrido^{v. 3} pela mão do Senhor na terra do Egito, sentados junto à panela de carne e comendo pão até a saciedade! De fato, fizestes-nos sair rumo a este deserto, a fim de deixar toda essa assembleia morrer de fome!"g

g A primeira fala direta pertence aos *filhos de Israel* e está marcada por um forte contraste. De um lado, aparecem, associados à *terra do Egito*, a *panela de carne* e o *pão* da *saciedade*. De outro lado, surge, ligada ao *deserto*, à *fome* (רָעָב), a qual motiva a *murmuração*.

Mais tarde, no momento em que o *povo* do êxodo já caminha do *Sinai* rumo à *terra de Canaã*, a *comunidade* irá cultivar, outra vez, uma memória do passado que, aparentemente, já altera as experiências históricas feitas no *Egito*: *Lembramo-nos dos peixes que comíamos gratuitamente, dos pepinos e das melancias, do porro, das cebolas e dos alhos* (Nm 11,5). Contudo, por mais que o *Egito* seja um *jardim* cheio de *verdura* (Dt 11,10) – ao menos, no vale do rio Nilo – e que haja *panelas de carne* e bastante *pão* ali – uma vez que a produção de grãos é grande no solo fertilizado pelas enchentes provocadas pelas altas do Nilo –, a afirmação dos *israelitas* de que tudo isso tenha estado, até *a saciedade*, à disposição deles parece ser pouco provável.

Pelo que o ouvinte-leitor é informado, as circunstâncias enfrentadas pelo *povo dos hebreus* no *Egito* eram dramáticas: *com brutalidade*, pois *os egípcios fizeram os filhos de Israel servirem* (Ex 1,13), a fim de *oprimi-los com suas cargas* (Ex 1,11; 6,6-7), *tornando-lhes amarga a vida através de dura servidão* (1,14; 6,9). Além disso, *os funcionários dos filhos de Israel, os quais os capatazes do Faraó tinham posto sobre eles, foram golpeados* (Ex 5,14). Tudo isso levou *os filhos de Israel a gemerem e gritarem a Deus* (Ex 2,23-24; 6,5), pois ficaram com *alento curto* (Ex 6,9). Sendo assim, faz sentido que os *israelitas* cultivem agora a impressão de quase *terem morrido na terra do Egito* (v. 3b).

No entanto, não foi este um feito da *mão do Senhor*. Pelo contrário, o *Senhor* revelou sua *mão grande*, justamente, quando salvou o *povo* dos *oprimidos* de seus perseguidores, no *Mar dos Juncos* (Ex 14,31). Resumindo: pode até ter havido *panelas de carne, pão, peixes* e todo tipo de verdura e fruta no *Egito*, mas os *filhos de Israel* não puderam degustar nada disso em liberdade. Pelo que é narrado, faltava-lhes até *alento* para *comer* em paz.

Além do mais, observa-se que, a um "desejo estranho" – *Quem dera tivéssemos morrido pela mão do Senhor no Egito!* –, se junta uma "acusação maciça", dirigida a *Moisés* e *Aarão*: *De fato, fizestes-nos sair rumo a este deserto, a fim de deixar toda essa assembleia morrer de fome!* (FISCHER; MARKL, 2009, p. 182). Torna-se visível assim uma inclusão, no que se refere ao discurso direto dos *israelitas*: no início e no final, usam o verbo *morrer* (מות). Com isso, cresce a dramaticidade. O conflito aumenta. Os dois líderes *irmãos – Moisés e Aarão –* são acusados de serem responsáveis pela situação de *morte de toda a assembleia*. Ou seja: ao se fazer presente a *fome* coletiva, o *povo* dos recém-libertos afirma que seus líderes estão cometendo um genocídio. Não há mais consciência de que a *saída do Egito* – e, com isso, de uma *casa de escravos* (cf. Ex 20,2) – tem suas origens na vontade libertadora do *Senhor, Deus dos israelitas*.

O Senhor disse a Moisés:[h] "Eis que sou eu quem faz chover pão do [v. 4] céu para vós![i] O povo sairá. A cada dia, colherão a porção de um dia, e assim o porei à prova: será que caminhará, ou não, conforme meu ensino?[j]

[h] Embora o *povo* tenha *murmurado contra Moisés e contra Aarão*, há, por primeiro, o discurso do *Senhor* dirigido a *Moisés* (v. 4-5). Surge, com isso, a impressão de "a miséria ser grande e exigir uma intervenção imediata" por parte de Deus (FISCHER; MARKL, 2009, p. 182).

[i] A frase é poética. Realça o sujeito que age – *Eis que sou eu* (הִנְנִי) – e a ação beneficente – *quem faz chover* (מַמְטִיר) *pão do céu para vós!* Trata-se de uma frase nominal em hebraico, que trabalha com o particípio ativo. Afirma-se que o *Senhor*, em princípio, está sempre disposto a alimentar seu *povo*, por mais que sua ação possa ser contrária. Em relação aos *egípcios*, pois, o mesmo Deus diz: *Eis que sou eu quem faz chover* (הִנְנִי מַמְטִיר) *granizo pesado!* (Ex 9,18.23). E, no caso de *Sodoma* e *Gomorra*, *faz chover enxofre e fogo* (Gn 19,24). Resumindo: o poder do *Senhor* ora salva os que *caminham*, na base do *ensino* dele, rumo à liberdade, ora se opõe a quem insiste na opressão e na maldade.

A imagem de *chover pão do céu* ganha a atenção do ouvinte-leitor por inverter a realidade, de forma "paradoxal" (PROPP, 1998, p. 593). Pois, normalmente, *o pão* não cai do *céu*, mas *sai da terra* (Jó 28,5). Todavia, também nesse caso a religião do Antigo Israel imagina que seja o *Senhor* quem *faz o pão sair da terra* (Sl 104,14). Quer dizer: a presença do *pão* sempre traz à tona a presença de Deus.

[j] "Junto à dádiva, surgem exigências: *o povo precisa sair e recolher a porção diária*" (FISCHER; MARKL, 2009, p. 184). Quer dizer: ao experimentar a ação salvadora do *Senhor*, tornam-se necessários, de forma simultânea, o esforço e a colaboração do *povo*.

No mais, diante da nova circunstância de a alimentação se encontrar garantida, o *povo* deve sentir-se, novamente, *posto à prova* pelo

Senhor (cf. Ex 15,25; veja a nota "n" no capítulo anterior). O *teste* refere-se, de modo geral, ao *ensino*, sendo que essa palavra traduz o termo hebraico *Torá* (תּוֹרָה). Trata-se de um *ensino* formado por dois tipos de linguagens, as quais, constantemente, se intercalam. Há as tradições jurídicas, quer dizer, as *leis*, apresentadas como *mandamentos* de *Senhor*, que formam o direito do Antigo Israel. E há as narrativas, as quais contam a história da revelação do *Senhor* a seu *povo*, em especial como o *Deus dos israelitas* insiste na liberdade de seu *povo*, garantindo-lhe a sobrevivência, apesar das adversidades. As *leis* são, no fundo, o resultado dessa história, sendo que a experiência da libertação é transformada em um projeto jurídico, o qual quer garantir que o *povo* esteja livre para sempre. Em todo caso, a *prova* apresentada em v. 4 refere-se ao convite de *caminhar* de acordo com a dádiva recebida, sendo que essa última resulta na presença do *ensino* do *Senhor*, que é a *Torá*. De outro lado, a *prova* refere-se, de modo especial, à observância do *sábado*, assunto que, logo em seguida, ganha relevância na narrativa.

v. 5 E no sexto dia, quando disporem o que trazem, haverá o dobro do que colhem todo dia".ᵏ

ᵏ Começa ser introduzida a temática do *sábado*, ao mencionar o *sexto dia* da semana, dia que antecede o *sábado* como *sétimo dia*. Imagina-se, sobretudo, que o *Senhor* possa *enviar sua bênção* no sentido de provocar uma sobra na parte dos bens materiais necessários para a sobrevivência, a fim de que surja a possibilidade de não precisar trabalhar em todos os dias (cf. Lv 25,20-22). Dessa forma, haverá a possibilidade de *descansar*. Resumindo: "Israel aprende tanto a disciplina de trabalhar diariamente como o descanso semanal" (FISCHER; MARKL, 2009, p. 184).

v. 6 Moisés, junto com Aarão, disse a todos os filhos de Israel: "À tarde, sabereis que o Senhor vos fez sair da terra do Egito.

v. 7 E, pela manhã, vereis a glória do Senhor, ao ele escutar vossas murmurações contra o Senhor. Quem, porém, somos nós, para que murmureis contra nós?"ˡ

MANÁ E CODORNIZES NO DESERTO DE SIN (EX 16,1-36)

¹*Moisés*, junto com *Aarão*, começa a transmitir o conteúdo do *dito do Senhor* (v. 4-5) ao *povo*. Exatamente essa é a tarefa do *profeta*. De fato, os dois *irmãos* são chamados de *profeta* nas tradições do êxodo: veja, em relação a *Moisés*, Dt 34,10; 18,15ss, e, quanto a *Aarão*, Ex 7,1; observe também que *Miriam*, a *irmã* deles, é chamada de *profetisa* (Ex 15,20).

Outro detalhe: em uma narrativa poética, não é preciso manter a lógica interna até o extremo. Isso tornaria o texto monótono. Pelo contrário, pode ser do interesse do autor antecipar determinadas informações. Dessa forma, surgem os discursos que ganham caráter de promessa. Apenas mais tarde, o ouvinte-leitor é convidado a verificar o cumprimento de tais promessas. No caso, *Moisés* anuncia, por primeiro, que os *filhos de Israel* ficarão *sabendo* de algo, que *verão a glória do Senhor* e que este último *escutou* as *murmurações* do *povo* (v. 6-7). Posteriormente, a *glória do Senhor* aparecerá *em uma nuvem* (v. 10), sendo que o *Senhor* confirma sua *escuta das murmurações* e o fato de os *israelitas saberem* algo (v. 12).

No mais, *Moisés* sublinha que o projeto do êxodo corresponde à vontade de *Deus*. Foi o *Senhor* quem *fez o povo sair da terra do Egito*. E tal processo de libertação ganha, sempre de novo, visibilidade, pois "o *Senhor* não limita sua ajuda ao momento do êxodo" – quer dizer, ao momento da *saída do Egito* –, "mas a oferece constantemente" (FISCHER; MARKL, 2009, p. 184). Ou seja: os *israelitas* experimentam, de forma repetida, que *o Senhor está no meio deles* (cf. Ex 17,7). Ou, com outras palavras: como o indica seu *nome*, o *Senhor* sempre *é quem é* (cf. Ex 3,14).

Aliás, nas tradições religiosas do Antigo Israel e do Antigo Oriente como um todo, Deus revela sua ação criadora, de um modo especial, na parte da *manhã* (cf. Am 5,8; Jó 38,12-15). Também *Moisés* afirma que o *povo verá a glória do Senhor pela manhã*. Contudo, sua fala permanece enigmática e cria certo suspense neste momento. Apenas mais tarde, ao encontrar, de *manhã*, o *maná* – *pão que o Senhor deu como alimento* – o *povo saberá* que a *glória* divina se manifesta onde a fome é superada.

v. 8 E Moisés disse: "Ao, à tarde, vos dar, o Senhor, carne para comer e, pela manhã, pão para vos saciardes; ao escutar, o Senhor, vossas murmurações – uma vez que vós sois murmuradores contra ele –, quem somos nós? Vossas murmurações não são contra nós! De fato, são contra o Senhor!"ᵐ

ᵐ *Moisés* insiste, em outro discurso (v. 8) e com praticamente as mesmas palavras, no assunto que fechou seu discurso anterior (cf. v. 7). Não é dito na introdução, de forma expressa, a quem *Moisés* se dirige agora. Contudo, indiretamente, fica claro que *Moisés*, simplesmente, continua seu discurso anterior, falando ao *povo*, sendo que emprega o pronome da segunda pessoa do plural no masculino (*vós*) e os respectivos sufixos pronominais (veja as expressões *vos* e, por duas vezes, *vossas murmurações*).

Volta o assunto da *murmuração*, mais exatamente a questão do destinatário da *murmuração* do *povo*. Conforme *Moisés*, os *israelitas* estão descontentes com o próprio *Senhor*, o *Deus de Israel*. É *contra ele* que *murmuram*. A voz do narrador, por sua vez, insiste na circunstância de que *murmuram contra Moisés e contra Aarão* (cf. v. 2 e as notas e-f), algo veementemente negado por *Moisés* (cf. v. 7-8).

Aqui existe, à primeira vista, um conflito entre a opinião do narrador e a fala de *Moisés*. Será que houve um cochilo por parte do autor, o qual é responsável pelos dois, sendo que dá a voz tanto ao narrador como às personagens? Ou a diferença é fruto do planejamento literário do autor, a fim de provocar a atenção do ouvinte-leitor. Quer dizer: em princípio, nem existe uma verdadeira oposição entre a *murmuração contra o Senhor* e a *murmuração contra Moisés e Aarão*. Trata-se, simplesmente, dos dois lados de uma mesma moeda. Pois, neste caso, pelo que apresenta o contexto literário, *murmurar contra os líderes* significa *murmurar contra o Senhor*. Afinal, prevalece a ideia de que o *Senhor* – ou seja, a *palavra* do *Senhor* – esteja *na boca* dos dois, transformando-os em *profetas, ensinando-lhes o que devem fazer* (cf. Ex 4,15). Diante desse contexto, o discurso de *Moisés* ganha até uma conotação negativa. Ao afirmar que o *povo* dos libertos não estaria *murmurando contra* ele e seu *irmão, Moisés* parece querer se desfazer da responsabilidade, como se não tivesse nada a ver com a situação. Justamente esse tipo de atitude do líder será criticado na próxima cena (cf. o estudo de Ex 17,1-7).

Junto à questão da *murmuração*, o discurso de *Moisés* em v. 8 apresenta um elemento novo, o qual intensifica ainda mais o assunto principal nessa história. Além de *saciar-se* com *pão*, o *povo* irá *comer* também *carne. Moisés* alude, portanto, a um milagre duplo, narrado em breve: a presença das *codornizes* e do *maná*, expressões e manifestações da ação salvadora do *Senhor* (cf. v. 13s).

Nota-se que o discurso de *Moisés* em v. 8 traz uma fala, de certa forma, truncada. As palavras não fluem bem. Aparentemente, *Moisés* inicia sua reflexão por duas vezes. De forma surpreendente, introduz o assunto da *carne*. Palavras(-chave) são repetidas em pouco espaço. Não obstante, é possível que o ouvinte-leitor tenha a impressão de que *Moisés* esteja irritado e queira dizer o seguinte: toda a *murmuração* de vocês não nos atinge, nem a mim nem a meu *irmão*, mas apenas a *Deus* (cf. FISCHER; MARKL, 2009, p. 185). Se for assim, a sequência das palavras e a forma final de v. 8 são, justamente, o resultado do planejamento literário do autor. Não houve outro texto mais fluente anteriormente, o qual teria sofrido corrupções em um estágio posterior. Pelo contrário: ilustra-se aqui de forma poética, a agitação de *Moisés*.

E Moisés disse a Aarão: "Dize a toda a comunidade dos filhos de Israel: 'aproximai-vos do Senhor, porque escutou vossas murmurações!'"[n] v. 9

[n] *Moisés* insiste no fato de *Aarão* tornar-se intermediário, segundo a ordem recebida da parte de Deus: *Ele falará para ti ao povo* (cf. Ex 4,16). A ideia é que *Aarão* provoque, através de suas palavras, uma *aproximação entre a comunidade* do êxodo *e o Senhor*. Eis a

solução para a *fome*! Prevalece, novamente, a esperança em *Moisés* de que o Deus de *Israel escute as murmurações* do *povo*, sendo que tal protesto, no caso, é o resultado de uma situação de *morte* (cf. v. 3; veja também Ex 2,24; Dt 26,7). Ou seja: em vez de estar preocupado consigo e com seu *irmão*, *Moisés*, o *profeta* por excelência, faz *Aarão*, o *sacerdote* (cf. Ex 28,1), servir aos *famintos*, procurando uma solução para o problema da ausência dos bens materiais a partir de um encontro com o *Senhor*. Afinal, os *famintos* precisam se encontrar com *quem* é capaz de *fazer chover pão do céu* (v. 4).

v. 10 Aconteceu, pois, que, ao Aarão falar a toda a comunidade dos filhos de Israel, se viraram para o deserto. Eis que a glória do Senhor apareceu numa nuvem.º

º Após ter apresentado três discursos de *Moisés* (v. 6-7.8.9), o narrador relata a *aparição da glória do Senhor em uma nuvem*. Assim torna-se realidade o que *Moisés* tinha anunciado: *Vereis a glória do Senhor, ao ele escutar vossas murmurações!* (v. 7). Parece prevalecer a seguinte ideia: "A *glória do Senhor* é a parte visível de sua natureza terrestre" (PROPP, 1998, p. 595). A *nuvem*, por sua vez, *cobre* o lugar onde a *glória do Senhor* se manifesta, sendo que *encobre*, ao mesmo tempo, a presença do *Senhor Deus* (cf. Ex 25,15-18). Assim, o *Senhor aparece*, mas mantém sua invisibilidade. Além disso, a *nuvem* no *deserto* traz à memória e é, simplesmente, *a coluna de nuvem* que, *durante o dia, guia* os *israelitas* em seu *caminho* rumo à liberdade (cf. Ex 13,21-22).

v. 11 E o Senhor falou a Moisés:

v. 12 "Escutei as murmurações dos filhos de Israel. Dize-lhes: 'Entre as (duas) tardes, comereis carne e, pela manhã, vos satisfareis com pão'. E sabereis: de fato, eu sou o Senhor, vosso Deus!"ᵖ

ᵖ Em seu primeiro discurso, o *Senhor* promete ser *aquele que faz chover pão do céu*, garantindo a *porção diária* do alimento básico a todos os membros do *povo* (v. 4-5). Entretanto, em meio a suas *murmurações*, os *filhos de Israel* lembraram-se, além do *pão*, também das *panelas de carne* (v. 3). Mais ainda: também *Moisés* pressupõe que o *povo*, sendo alimentado por seu *Deus*, *coma carne* e *pão* (v. 8). Agora, pois, o ouvinte-leitor fica sabendo que o *Senhor* está disposto a acolher também este desejo mais abrangente dos *israelitas*.

No mais, dirigindo-se a *Moisés*, o *Senhor* declara que *escutou as murmurações dos filhos de Israel*. *Moisés*, de fato, tinha alertado o *povo*, repetidamente, a respeito de seu comportamento, avaliando este último como *murmuração contra o Senhor*. Mais ainda: o líder afirmou, de novo, que o *Senhor estaria escutando* tais *murmurações* (v. 7.8.9). *Escutou*, sim! Contudo, a reação de Deus, ao contrário do que talvez se espere, é positiva e benéfica. O *Senhor*, simplesmente, compromete-se a oferecer ao *povo* o que este deseja: *carne* e *pão*, a fim de que haja *comida* variada e *satisfação*.

Além disso, com a presença dos bens materiais necessários para a sobrevivência, o *povo* tem a chance de alcançar um novo *saber*, sendo que tal *conhecimento* já lhe foi anunciado por *Moisés* (cf. v. 6). Ao perceberem, pois, que *quem os fez sair da terra do Egito* (v. 6) também os alimenta no meio do *deserto*, vão *saber* o que significam as palavras: *Eu sou o Senhor, vosso Deus*. Quer dizer: a experiência de os miseráveis terem seu destino invertido de forma surpreendente traz consigo um *saber* novo e místico do Deus de Israel. Pois é sempre oportuno perguntar-se se não foi o *Senhor* quem *ergueu o pobre da miséria* (Sl 107,41) (cf. GRENZER, 2010, pp. 441-452).

E aconteceu que, à tarde, subiu um bando de codornizes e cobriu o v. 13
acampamento;[q] e, pela manhã, houve uma camada de orvalho ao redor do acampamento.[r]

q De forma rápida, narra-se a chegada da *carne*. Trata-se de um acontecimento que se enquadra no contexto geográfico pressuposto, porque "as *codornizes* fazem parte das aves migratórias que [...]

sobrevoam a península do Sinai, a fim de voltaram da Europa ou da Ásia do Sul para o Sudão ou a Etiópia. Sobretudo os bandos que escolhem o caminho por sobre o Mar Mediterrâneo estão exaustos ao chegarem ao Sinai" (STAUBLI, 1996, p. 247). Dessa forma, quando pousam no chão para descansar ou quando voam bem baixo, as *codornizes* podem ser apanhadas com facilidade. De forma poética, Sl 78,27 descreve o fenômeno encontrado na natureza, destacando a ação do *Senhor*: *Fez chover carne como pó sobre eles e aves aladas como a areia do mar*. "As *codornizes*, como únicas aves migratórias na família das galináceas, eram petiscos cobiçados" (SCHROER, 2010, p. 88).

Contudo, daqui para frente, o motivo da *carne* e das *codornizes* não recebe continuidade na narrativa de Ex 16. Nm 11,4-35, por sua vez, "transforma a experiência com as *codornizes* em uma narrativa didática" (FISCHER; MARKL, 2009, p. 187). Em contrapartida, Ex 16 concentra-se no motivo do novo *pão*.

r Imagina-se, no Antigo Israel, que *é Deus quem dá o orvalho do céu* (Gn 27,28.39), assim como a chuva. O *orvalho* – a umidade do frio noturno condensada – torna-se, no *deserto* ou em regiões semiáridas – como, por exemplo, o *Sião* –, expressão de bem-estar e, consequentemente, de *bênção* (Sl 133,3). Portanto, a ideia de *o maná descer, junto com o orvalho, sobre o acampamento* (cf. Nm 11,9) ganha uma dimensão simbólica, no sentido de o novo *pão* também ser fruto da *bênção* divina.

v. 14 A camada de orvalho evaporou-se. Eis que houve, na superfície do deserto, algo fino e flocoso, ou seja, algo fino como a geada sobre o solo.[s]

s Os autores bíblicos acolhem, em suas narrativas, fenômenos que se encontram no meio da natureza. Nesse sentido, o *maná* é, provavelmente, uma secreção doce, deixada pelas "larvas de duas espécies da cochinilha", em certas árvores da península do Sinai (STAUBLI, 1996, p. 243). Tal secreção "cintila como o *orvalho*. É necessário colhê-la logo de *manhã*, antes que as formigas a alcancem. Algumas secreções ficam nas árvores, outras caem no chão. Elas podem ser comidas em sua forma natural ou moídas" (LEVINE, 1993, p. 322). Ainda hoje, os beduínos usam o líquido doce do maná para substituir o açúcar ou o mel (cf. ZOHARY, 1986, p. 142). Conforme Nm 11,7, o *maná* tem a forma da *semente do coentro* e uma consistência igual ao *bdélio*, que é uma resina aderente, "exsudada, no Sul da Arábia, pela planta do bálsamo" (STAUBLI, 1996, p. 243).

Contudo, por mais que os motivos literários que compõem a história do milagre encontrem seu ponto de referência nos fenômenos da natureza, a história aqui comentada não deixa de apresentar o surpreendente fato de o *povo* do êxodo conseguir atravessar o *deserto*, ainda que escassezes e impasses precisem ser enfrentados ao longo do caminho rumo à liberdade. Nesse sentido, os *israelitas* fazem a experiência de serem particularmente ajudados e, no caso, alimentados por seu *Deus*.

Os filhos de Israel viram-no e disseram – cada um a seu irmão –: "Isso é maná!" De fato, não sabiam o que é isso.ᵗ Moisés disse-lhes: "Isto é o pão que o Senhor vos deu como comida!ᵘ v. 15

ᵗ No texto hebraico, faz-se presente uma aliteração que envolve a palavra *maná*. Quer dizer: as sílabas e os sons pronunciados na frase afirmativa – *Isso [é] maná!* (מָן הוּא) – encontram-se repetidos na pergunta dos *israelitas*, apresentada de forma indireta: *O que [é] isso?* (מַה הוּא). Surge, dessa forma, uma etimologia popular. Ou seja: a palavra *maná* é explicada através de sua semelhança com o pronome interrogativo *o quê*. Assim, o termo *maná* ganha uma função pedagógica, mantendo viva a questão sobre *o que*, realmente, alimenta o *povo*.

Nesse sentido, ao reler as tradições do Pentateuco, o *maná* dá origem a outra reflexão importante. *Deus dá o maná para o povo comer, a fim de fazê-lo saber que o ser humano não vive somente do pão, mas de tudo que sai da boca do Senhor* (Dt 8,3). O *maná* é uma *comida* muito simples. *Triturado com um moinho* ou *pilado em um pilão*, ele pode ser *cozido em uma panela*, para *fazer fogaças*, com *sabor de bolo de azeite* (Nm 11,8). Com o tempo, por sua vez, o *maná encurta o alento do povo*, sendo que a comunidade o avalia como *pão inconsistente*, e não como *pão* verdadeiro (Nm 21,4-5). Contudo, talvez seja justamente a simplicidade desse alimento que leve *Deus* a *fazer o povo comer o maná no deserto*, a fim de que este faça a experiência de se sentir *humilhado, curvado* ou *oprimido* – três possíveis traduções para o verbo hebraico ענה –, sendo que, *no futuro, lhe fará o bem* (Dt 8,16). Ou, com outras palavras: o projeto do êxodo, visando à *saída* dos oprimidos da sociedade opressiva, traz consigo a necessidade de enfrentar sacrifícios. O *bem-estar* marca apenas o destino. Em liberdade, todos poderão *comer* alimentos ricos. Mesmo assim, será importante o *povo* lembrar-se, quando estiver instalado na *Terra* Prometida, de que já *comeu o maná, sem saber o que era*.

ᵘ Realçado como discurso direto que é dirigido ao *povo*, *Moisés* identifica o *maná* como *pão que o Senhor deu como comida* (cf. o motivo do *pão* em v. 3.4.8.12). Com isso, o *profeta* deixa claro que *Deus* garante, aos anteriormente oprimidos, a continuidade do projeto de libertação. Ou seja: o *Senhor dá* a seu *povo* o que este precisa para sobreviver, por mais que seja um alimento simples. O que importa é chegar ao destino, onde, *no futuro*, outros alimentos estarão à disposição.

ᵛ·¹⁶ E esta é a palavra que o Senhor ordenou: 'Colhei dele, cada um conforme seu comer, um gomor por cabeça! Que pegueis segundo o número de vossas pessoas, cada um de acordo com quem estiver em sua tenda!'".ᵛ

ᵛ Continua o discurso direto de *Moisés*. Contudo, *ele* apresenta agora, em sua fala, um discurso direto de Deus (v 15f-16). Trata-se de uma *palavra do Senhor* na qualidade de um *mandamento*.

A *ordem* divina insiste, novamente, na *colheita* (cf. v. 4.5). O parâmetro para a *colheita* dever ser a necessidade de *cada um* e o *número de pessoas* que fazem parte da mesma família, ou seja, dos que se encontram na mesma *tenda* (cf. Ex 12,4). Até se define a quantidade para cada pessoa: *um gomor por cabeça!* A medida do *gomor* não é conhecida em outras tradições bíblicas. Contudo, trata-se da *décima parte de um efá*, ou seja, de algo em torno 4,5 litros.

E os filhos de Israel fizeram assim. Colheram muito e pouco.[w]   v. 17

[w] Por enquanto, os *israelitas* são obedientes ao *mandamento* do *Senhor*. Aceitam o princípio da proporcionalidade, sendo que uns *colhem muito* e outros, *pouco*. Enfim, ninguém *colhe* mais do que precisa, seja para si, seja para os de *sua tenda*.

Mediram em gomor: não sobrou a quem juntou muito; quem juntou   v. 18
pouco não sentiu falta. E colheram, cada um conforme seu comer.[x]

[x] Acontece algo "notável: apesar de rendimento coletor diferente, o resultado corresponde ao que se deseja, ou seja, ao que cada um precisa para sua subsistência" (FISCHER; MARKL, 2009, p. 187). Quer dizer: os *israelitas* não estão isentos do trabalho. É preciso *colher*. No entanto, evita-se a dinâmica da acumulação de bens, no sentido de estocar alimentos. Prevalece, em contrapartida, o princípio de *cada um* ter o suficiente em vista de sua necessidade.

Além disso, o *povo* é convidado a imaginar que o *Senhor* esteja disposto a proporcionar à comunidade, *dia após dia*, o que esta precisa para subsistir em uma situação extrema, sendo que ela mesma jamais teria como garantir isso por esforço próprio. Nesse sentido, o *maná* traz consigo a experiência religiosa de que a sobrevivência depende, exclusivamente, da graça divina.

E Moisés disse-lhes: "Que ninguém deixe restar dele até a manhã   v. 19
seguinte!"[y]

ʸ *Moisés* dirige outra fala aos *israelitas*: nada do *maná* deve ser guardado até a *manhã seguinte*. No entanto, qual seria a vantagem desse tipo de comportamento? De um lado, os *israelitas* comerão sempre *pão* fresco, experimentando, a cada dia, a graça divina. Mais ainda: vão treinar sua confiança na providência divina, pois somente assim se pode abandonar a ideia de estocar alimentos. De outro lado, o gesto de *não deixar restar* nada do *maná até a manhã seguinte* traz à memória a *noite* da primeira *páscoa para o Senhor* (Ex 12,48), celebrada ainda no *Egito*. Do *cordeiro* pascal, pois, os *israelitas* também *não* deviam *deixar restar nada até a manhã seguinte* (Ex 12,10).

v. 20 No entanto, não escutaram Moisés. Uns homens deixaram restar dele até a manhã seguinte. Então, encheu-se de vermes e fedeu. E Moisés irritou-se com eles.ᶻ

ᶻ Em vez de arriscar-se, a *comunidade* decide desobedecer a *Moisés*. A alguns *homens*, parece ser mais lógico estocar o novo alimento do que confiar em *quem* é capaz de, diariamente, *fazer chover pão do céu* (v. 4). Aliás, pressupõe-se, de forma indireta, que o *maná* seja guardado longe do *sol*, uma vez que este último o *derreteria* durante o dia (cf. v. 21).

Não obstante, o plano não dá certo. No lugar do *sol*, o *verme* destrói o *maná* guardado. Parece ser uma *maldição*, semelhantemente ao caso de o *verme comer as vinhas plantadas*, privando o homem da *bebida* do *vinho* (cf. Dt 28,15.39). Pior ainda: o *maná* começa a *feder*, como as *águas* do *rio* Nilo, com os *peixes mortos*, depois que foram transformadas em *sangue* (Ex 7,18.21), ou como as *rãs mortas* (Ex 8,10). Enfim, a desobediência aproxima os *israelitas* às mesmas consequências que atingiram os *egípcios*, quando *o Faraó não quis escutar a voz do Senhor* (Ex 5,2) exigindo a libertação do *povo oprimido* (cf. FISCHER; MARKL, 2009, p. 187).

Moisés reage com *irritação*. Aliás, o projeto do êxodo é marcado pela circunstância de *Moisés* (cf. Lv 10,16; Nm 31,14), a *comunidade* (cf.

Dt 9,7.8.22) e o *Senhor Deus* (cf. Lv 10,6; Nm 16,22; Dt 1,34; 9,19) *se irritarem*. Enfim, ficar focado, de forma exclusiva, na vontade e na providência do *Senhor* – caminho único para alcançar a liberdade – envolve os participantes inteiramente, provocando reações mais fortes, sobretudo nos momentos de decepções.

Colheram-no, manhã após manhã, cada um conforme seu comer. v. 21
Quando o sol esquentava, se derretia.^{aa}

aa Tudo volta ao normal. Enquanto se caminha rumo à liberdade, nada deve ser estocado. É hora de confiar, mais do que nunca, na providência divina. Basta ter o necessário para aquele *dia*. No mais, "os *israelitas* acostumam-se a se levantarem cedo e com o ritmo diário de trabalho" (FISCHER; MARKL, 2009, p. 188), contemplando o momento de o *sol aquecer* como sinal de salvação (1Sm 11,9).

E aconteceu no sexto dia que colheram pão em dobro, dois gomo- v. 22
res para cada um. Então, vieram todos os chefes da comunidade e anunciaram-no a Moisés.^{bb}

bb Outra surpresa se faz presente. De um lado, está claro que é impossível guardar o *maná* até *a manhã seguinte*. O *sol*, simplesmente, o *derrete* (v. 21). Ou o *verme* mistura-se com o *maná* (v. 20), tornando o alimento não comestível. De outro lado, porém, *no sexto dia*, o *povo* do êxodo *colhe o pão* celeste *em dobro*, para que, no *sábado*, não falte comida, ainda que o *povo* não realize nenhum trabalho de *colheita*. Surge, portanto, um contraste: "A fragilidade extraordinária do *maná* durante a semana e sua durabilidade extraordinária no *sábado*" (PROPP, 1998, p. 596).

Todos os chefes da comunidade estão a par da situação de os recém-libertos *terem colhido pão em dobro no sexto dia*. O termo *chefe* (נָשִׂיא) traz consigo a conotação de *elevado*, *sublime* e *príncipe*. Trata-se, provavelmente, dos representantes das *doze tribos* (cf. Nm 1,16), sendo eles subjugados à liderança de *Moisés* e *Aarão* (cf. Ex 34,31; Nm 1,44). Enfim, as lideranças sabem agora que o projeto do *sábado* pode ser acolhido, sem que o *povo* passe por alguma necessidade material por causa disso. Sobra, como resultado, somente o benefício do *descanso*, o qual, por sua vez, favorece o cultivo da convivência com o *Senhor* e entre os membros da *comunidade*.

v. 23 E disse-lhes: "É isso que o Senhor falou: 'Amanhã é sábado, um sábado santo para o Senhor!ᶜᶜ Cozinhai o que quiserdes cozinhar! Fervei o que quiserdes ferver! Depositai, até a manhã seguinte, o que sobra como algo a ser guardado!'"ᵈᵈ

cc *Moisés* dirige outro discurso à *comunidade* do êxodo. Solenemente, introduz uma *fala* anterior do *Senhor*, a qual teria se referido ao tema do *sábado*. Todavia, o substantivo *sábado* aparece aqui pela primeira vez, em toda a Bíblia. É provável, por sua vez, que *Moisés* tenha em mente o conteúdo da primeira *fala* do *Senhor* (v. 4-5). Naquela ocasião, o *Senhor* avisa *Moisés* sobre a circunstância de o *povo colher uma porção dupla no sexto dia*, comparado ao que *colhe*, como *porção* diária para sua alimentação, nos outros dias. Somente v. 22, por sua vez, narra o milagre de *colher pão em dobro no sexto dia*, o que, de fato, já prepara o assunto do *sábado*. Com isso, a narrativa talvez queira transmitir que *Moisés* compreenda somente aos poucos a circunstância de um *dia* de *descanso* ser possível, sem que se sofra *fome*. Ou seja: a presença suficiente dos bens materiais necessários abre espaço para o projeto religioso do *sábado*, em vez de querer motivar a busca de maiores reservas.

Daqui para frente, o *sábado* é o tema central. Há a presença sêxtupla da raiz *descansar* (שׁבת) em v. 23-30, a qual dá origem ao nome do *sétimo dia* da semana: veja os dois substantivos traduzidos como *sábado* (v. 23: שַׁבָּתוֹן; v. 23.25.26.29: שַׁבָּת) e o verbo *descansaram* (v. 30: וַיִּשְׁבְּתוּ). Contudo, o *sábado* do qual se fala aqui é duplamente qualificado. Ele é *santo*, por ser *um dia para o Senhor*, assim como a *noite* da *festa da páscoa* (cf. Ex 12,11.14.27.42). Quer dizer: o projeto do *descanso* pertence a Deus. Suas origens encontram-se no *Senhor*, pois dele partiu em forma de um *mandamento*, capaz de beneficiar o ser humano e a sociedade. Afinal, o *sábado*, como projeto religioso, favorece a reunião entre as pessoas, uma vez que nele não estão mais preocupadas com seu trabalho de *cada dia*. Ao *descansarem* e estarem reunidos, é possível cultivar a memória do passado, sobretudo de tudo aquilo que o *Senhor* já fez por seu *povo*. Tal lembrança favorece uma maior confiança no que está por vir. É favorecendo essa dinâmica que o *sábado* se torna um instrumento capaz de veicular as esperanças religiosas (cf. SCHWANTES, 2009, pp. 36-39).

dd *Cozinhar* e *ferver* o *maná em uma panela*, a fim de transformá-lo em *fogaças* ou *broas* (cf. Nm 11,8), indique talvez o modo de conservá-lo melhor até o próximo *dia*. Também pode-se imaginar que o *maná* seja mais comestível dessa forma. Em todo caso, pressupõe-se que os trabalhos de preparar a comida para o *sábado* sejam realizados no *dia* anterior. Assim, somente se come no *sétimo dia* o que foi *guardado*, favorecendo, assim, o *descanso*.

Depositaram-no até a manhã seguinte, assim como Moisés mandou. ⁿ·²⁴ E não fedeu, e as larvas não ficaram nele.ᵉᵉ

ee Contrariamente à experiência anterior, dessa vez o *maná guardado até a manhã seguinte* não estraga (cf. v. 20). *Não fede, nem as larvas* tomam conta dele. Segundo a linguagem metafórica presente nos textos sagrados do Antigo Israel, *vermes* (v. 20) e *larvas* (v. 24) aludem à pessoa em meio ao sofrimento extremo (Sl 22,7; Is 41,14; Jó 7,5; 25,6) ou já morta (cf. Is 14,11; 66,24; Jó 17,14; 21,26; 24,20). Sendo assim, a ausência de *verme* e *larva* torna-se um sinal positivo, com conotações simbólicas no que se refere às limitações humanas.

Moisés disse: "Comei-o hoje, porque hoje é um descanso para o ⁿ·²⁵ Senhor!ᶠᶠ Hoje não encontrareis nada no campo.

ff O *povo* deve *comer* ao *descansar*. Dessa forma, experimenta a presença de seu *Deus*. Não é necessário *colher* todos os *dias* para poder *comer* sempre. Pelo contrário: o trabalho diário, no caso, do *sexto dia*, rende uma produção excedente, a qual possibilita o *descanso* e, com este, o cultivo das esperanças religiosas. Além disso, o *povo* pode *comer*, no *sábado*, tudo o que foi *guardado*, pois, no primeiro *dia* da semana, voltará a *colher*.

v. 26 Colhê-lo-eis durante seis dias, mas, no sétimo dia, haverá descanso. Nada existe nele".gg

gg Ao assumir a lógica proposta em Gn 2,2-3, de fato, é impossível imaginar que o *povo* possa *encontrar* algo *no campo*, sendo que é o *Senhor quem faz chover pão do céu*. Pois *Deus*, para *abençoar e santificar o sétimo dia*, também *descansa* nele. De acordo com isso, não cria o *maná* no *sábado* (cf. PROPP, 1998, p. 597).

v. 27 No sétimo dia, porém, alguns do povo saíram para colher, mas nada encontraram.hh

hh Obediência – no sentido de fazer o que *Moisés mandou* (cf. v. 24) – e desobediência do *povo* dos libertos se alternam. De novo, *não escutam Moisés* (cf. v. 20). Contudo, fica claro que, com a insistência na oposição ao projeto do *sábado*, *não se encontra nada*, por mais que a intenção tenha sido *colher* algo.

v. 28 O Senhor disse a Moisés: "Até quando? Rejeitastes a guardar meus mandamentos e meu ensino!ii

ii À *irritação* de *Moisés* (cf. v. 20), a narrativa junta agora uma reação mais forte do *Senhor*. O início dela é marcado por uma pergunta retórica: *Até quando?* Subentendem-se as seguintes questões: *Até quando este povo me despreza e até quando não confiarão em mim, apesar de todos os sinais que realizei em seu meio?* (cf. Nm 14,11). No mais, a pergunta *Até quando?* (עַד־אָנָה), além de indignação, apresenta certa acusação.

O comportamento de alguns *do povo* – os quais se opõem ao projeto do *descanso*, sendo que preferem realizar o trabalho da *colheita* também *no sétimo dia* – é avaliado como *rejeição* do *Senhor*. Com isso, comportam-se semelhantemente ao *Faraó*, o qual *rejeita* a ideia divina *de enviar*, quer dizer, de libertar os *israelitas* da escravidão, por mais que estes últimos lhe sejam apresentados como *filho primogênito* do *Senhor* (cf. Ex 4,22-23; 7,14). Mais ainda: a pergunta feita agora aos *israelitas* lembra uma pergunta feita pelo *Deus dos hebreus* ao *Faraó: Até quando* (עַד־מָתַי)*? Rejeitaste-te a humilhar-te perante mim!* (cf. Ex 10,3). Enfim, o *Faraó rejeita* a ideia a respeito da necessidade de os oprimidos recuperarem sua liberdade. O *povo* do êxodo, por sua vez, *rejeita guardar*, justamente, *os mandamentos e os ensinos* do Deus que os liberta.

Entrementes, observa-se que a história do *maná* trabalha, paralelamente, os motivos de o *Senhor mandar* (cf. v. 16.32.34) e *Moisés mandar* (cf. v. 24). *Moisés* é, simplesmente, quem transmite, por excelência, os *mandamentos* de Deus ao *povo*. Nesse sentido, o texto final da Torá faz questão de fixar a ideia de, praticamente, todas as leis passarem por *Moisés* e, portanto, estarem ligadas à autoridade desse *profeta*, com exceção de Gn 1,28; 9,1-7; 17,10ss; Ex 20,1-17 (cf. FISCHER, 2000, p. 99).

Vede: de fato, o Senhor deu o descanso a vós! Por isso, no sexto dia, é ele quem dá o pão de dois dias a vós. Assentai-vos, cada um em seu local! Que ninguém saia de seu lugar no sétimo dia!"[jj] v. 29

[jj] Não está claro se continua a fala do *Senhor* em v. 29 ou se é *Moisés* quem continua o discurso divino. Por se falar sobre o *Senhor*, adotando a terceira pessoa do singular, a segunda possibilidade parece ser a mais indicada. Todavia, a mudança de orador não é anunciada, algo que pode acontecer em textos literários.

O *Senhor* não é apenas quem *dá o pão* (cf. v. 8.15.29c). Ele *dá* também o *sábado* como dia de *descanso* (v. 29b). Ou seja: garantindo a condição prévia – *dando* ao *povo, no sexto dia*, a porção de *pão* que é suficiente *para dois dias* –, surge a oportunidade de *descansar no sétimo dia* (cf. v. 30). A ordem introduzida com o imperativo *"Vede!*

remete à dádiva extraordinária do *sábado*, como ela é destacada, além deste texto, somente em Ez 20,12": *Dei-lhes os meus sábados/ descansos, a fim de serem um sinal entre mim e eles e para saberem que, de fato, sou eu, o Senhor, que os santifica* (FISCHER; MARKL, 2009, p. 189).

No mais, a narrativa realça, duplamente, a circunstância de que "o *sábado* deve ser passado em casa" (PROPP, 1998, p. 598), ou seja, *assentado em seu local* – literalmente: *debaixo de si* ou *junto a si* –, *sem sair do lugar*.

v. 30 E descansaram – o povo – no sétimo dia.^{kk}

kk Finalmente, o *povo* é obediente e assume o projeto do *descanso*, assim como o *Deus* Criador, o qual também *descansa no sétimo dia* (Gn 2,2).

v. 31 E proclamaram – a casa de Israel – seu nome: Maná! Ele era como semente de coentro, branco. E seu sabor era como bolo com mel.^{ll}

ll Outra vez, a narrativa insiste no motivo de os *israelitas* terem dado um *nome* ao novo alimento: *maná* (cf. v. 15). Mais ainda: o que anteriormente é descrito como *algo fino – como a geada – e flocoso no solo do deserto* (cf. v. 14), agora é comparado à *semente do coentro* (cf. Nm 11,7). É difícil saber, com mais exatidão, se o nome hebraico da planta indicada (גַּד), realmente, se refere ao *coentro*. A *semente* do *coentro* mede de um a três milímetros e é marrom, e não *branca* (cf. ZOHARY, 1986, p. 92). Contudo, a cor *branca* indica, no texto bíblico, a cor do *maná*, e não da *semente do coentro*. Além disso, é interessante observar que o *nome* da planta do *coentro*, em hebraico, é igual a outro substantivo que tem o significado de *fortuna* (גַּד).

A comparação do *maná* com *bolo com mel* (צַפִּיחִת בִּדְבָשׁ) traz presente a ideia de que, segundo Nm 11,8, fazem *fogaças* com o *maná*, com *sabor* de *bolo de azeite* (לְשַׁד הַשָּׁמֶן). Além disso, o termo *mel* lembra a *Terra* Prometida, o lugar onde *mana leite e mel* (cf. Ex 3,8.17; 13,5).

Moisés disse: "Eis a coisa que o Senhor mandou: enchei com ele um ^(v. 32) gomor, como algo a ser guardado para vossas gerações, a fim de que vejam o pão que vos deixei comer no deserto, ao fazer-vos sair da terra do Egito!"^(mm)

mm *Moisés* apresenta agora, como *mandamento do Senhor*, a necessidade de cultivar a memória do *maná*, sobretudo em vista das *gerações* futuras, posteriores ao êxodo histórico. A ideia é *guardar* um *gomor* do *maná*. Neste caso, o texto parece pensar em uma vasilha ou outro recipiente, o qual, ao ser *enchido*, sirva para medir justamente um *gomor* de *maná*, ou seja, aproximadamente 4,5 litros. Com isso, a quantidade *a ser guardada* corresponde, de forma exata, à porção diária, capaz de alimentar uma pessoa (cf. v. 16).

Além de determinar a quantidade, o discurso do *Senhor*, citado por *Moisés*, insiste em explicar a finalidade de *guardar* algo do *maná* (cf. FISCHER; MARKL, 2009, pp. 190s). É preciso que as futuras *gerações* se lembrem do *maná*, a fim de *verem* aquilo que o *Senhor fez* seu povo *comer no deserto*, garantindo, dessa forma, o projeto da *saída da terra do Egito* como um todo. A *saída*, pois, inclui a passagem pelo *deserto*, tendo em vista a chegada à *terra de Canaã*. Ali o *povo* poderá alimentar-se a partir de seu trabalho, pois a vida sedentária em *terra* nova e boa o permitirá. *No deserto*, porém, o *Senhor* precisou alimentar seu *povo* com um *pão que não conheciam* (cf. Dt 8,3). *Guardando um gomor* de tal *pão*, as *gerações* futuras *verão* que o êxodo foi fruto de um milagre, realizado pelo *Senhor*.

E Moisés disse a Aarão: "Pega uma jarra, coloca ali o que enche o ^(v. 33) espaço de um gomor de maná e deposita-o diante do Senhor como algo que deve ser guardado para vossas gerações!"^(nn)

nn Após ter-se dirigido ao *povo*, *Moisés* dá a *Aarão* a ordem de *guardar um gomor de maná*. Ao total, o *irmão* de *Moisés* (cf.

Ex 4,14; 6,20) aparece seis vezes na narrativa sobre o *maná* (cf. 2.6.9.10.33.34). Três anos mais velho que *Moisés* (cf. Ex 7,7), *Aarão* é tido como *profeta de Moisés*, ou seja, como quem comunica a *palavra, ordenada pelo Senhor a Moisés, ao Faraó* (cf. Ex 7,2) ou *à comunidade dos filhos de Israel* (cf. v. 9). Mais tarde, *Aarão,* junto a *seus filhos*, torna-se, sobretudo, *sacerdote* do santuário construído no *deserto*, sendo ele *um santo para o Senhor* (cf. Ex 28,1.36).

Nesse sentido, *Aarão* assume, desde já, a função *sacerdotal* de *pegar uma jarra, colocar nela um gomor do maná* e *depositá-la diante do Senhor*. De certa forma, trata-se de um culto ou ato litúrgico. Todavia, o simbólico gesto ganha, sobretudo, a função de *guardar*, para as futuras *gerações*, a memória das dimensões milagrosas do êxodo!

v. 34 Conforme o Senhor mandara a Moisés, Aarão depositou-o diante do Testemunho, como algo a ser guardado.ºº

ºº *Aarão* revela-se obediente a *Moisés* e, com isso, ao que *o Senhor manda. Deposita, diante do Testemunho*, a *jarra* com o *maná*. Contudo, é difícil compreender o significado mais exato do termo *Testemunho*, pois o conceito aparece aqui pela primeira vez nas tradições do êxodo. O uso do elemento estilístico da antecipação de um conceito – para que este último ganhe maior relevância apenas na sequência da narrativa – torna visível, outra vez, o caráter literário da narrativa em questão.

Uma primeira ideia nasce do paralelismo existente entre as expressões *diante do Testemunho* (v. 34) e *diante do Senhor* (v. 33), o qual permite que o ouvinte-leitor crie uma ideia inicial a respeito do local do *depósito* do *maná*. No mais, hão de ser consultadas as tradições seguintes. De acordo com Ex 25,16.21s, o *Testemunho* (עֵדוּת) é algo material que *o Senhor dá a Moisés*, a fim de que este último o *ponha na arca*. O ponto de referência para identificar tal *dádiva* divina encontra-se em Ex 24,12, onde *o Senhor* promete *dar tábuas de pedra – o ensino* (הַתּוֹרָה) *e o mandamento* (הַמִּצְוָה) – a *Moisés*, a fim de que seu *servo* (cf. Nm 12,8) *ensine* tudo isso ao *povo*. Tal promessa realiza-se, finalmente, em Ex 31,18, quando *o Senhor dá as duas tábuas do Testemunho – tábuas de pedra, escritas pelo dedo de Deus – a Moisés*. Embora este *quebre* tais *tábuas*, ao *sua ira se inflamar* contra o *povo* por causa do *bezerro de ouro* (Ex 31,19), *Moisés talha outras duas tábuas de pedra*, para que fossem *escritas* nelas as mesmas *palavras*, ou seja, *as palavras do pacto* e/ou *as dez palavras* (Ex 34,1.4.28s). Resumindo: *o Testemunho, colocado na arca* por *Moisés* (Ex 40,20s), testifica, favorecendo as futuras *gerações*, que Deus se revelou a seu *povo* no *Sinai, dando-lhe* seu *ensino* (cf. DOHMEN, 2004, pp. 249-251).

Nesse sentido, os dois elementos da imagem – o *maná* e o *Testemunho* – tornam presentes as duas *dádivas* que o *povo* do êxodo recebe de seu Deus: o *pão* e *a palavra que sai da boca do Senhor* (cf. Dt 8,3; veja também Hb 9,4).

Os filhos de Israel comeram o maná durante quarenta anos, até eles chegarem à terra habitada. Comeram o maná até eles chegarem aos confins da terra de Canaã.ᵖᵖ   v. 35

pp Os *quarenta anos* da travessia do *deserto*, segunda etapa do projeto do êxodo, espelham, sobretudo, as *prostituições* – ou seja, as infidelidades em relação ao *Senhor* – e as *culpas* da *comunidade má*, quer dizer, *daqueles que tramam contra o Senhor*, algo *desaprovado* por este último (cf. Nm 14,33-35). Em especial, a resistência ao enfrentamento de perigos causados pela falta de determinados bens materiais – perigos que praticamente sempre se fazem presentes quando um *povo* começa a caminhar rumo à liberdade – e a falta de coragem – por não confiar no *Senhor*, capaz de superar qualquer dificuldade e quem se opõe à liberdade dos anteriormente oprimidos – prolongam o processo de libertação. Enfim, o que poderia ser conquistado em algumas semanas acaba demorando *quarenta anos*, ultrapassando o período de uma *geração*.

Mesmo assim, o *Deus de Israel* não abandona seu *povo*. Pelo contrário! No início, alimenta-o até a *chegada* ao destino previsto, neste caso a *terra de Canaã*. *Fá-lo comer*, de forma inesperada, até o momento em que a *terra* é capaz de oferecer sua *produção* (cf. Js 5,11s).

v. 36 O gomor: ele é a décima parte do efá.qq

qq Como medida, o *gomor* somente está presente nesta narrativa (cf. v. 16.18.22.32.33.36). A mesma palavra hebraica é usada para indicar o *feixe* (עֹמֶר). Contudo, por ser uma medida rara, o autor faz questão de definir o *gomor* como *décima parte de um almude* ou *efá* (אֵיפָה), o qual equivale a 45 litros e, multiplicado por dez, dá um *coro* ou *omer* (חֹמֶר), o qual equivale ao peso que um jumento é capaz de carregar (cf. em Lv 27,16; Nm 11,32) (cf. VAUX, 2002, pp. 237-242).

Atualização pastoral

Falta e presença do pão

Sair, como *povo* dos oprimidos, do meio de uma sociedade na qual reina um regime opressor somente é realizável como obra comunitária. É necessário que *todos se ponham em marcha*, rumo à *terra* nova, onde futuramente, em liberdade, possa ser construída a sociedade alternativa. Todavia, o caminho até lá se revela, em geral, demorado e cheio de perigos. Às vezes, é preciso voltar para trás. Certos trechos e determinadas experiências hão de ser enfrentados por várias vezes. Mais ainda: de repente, falta, no meio do caminho, o que é mais básico, como, por exemplo, o *pão* de cada dia, sendo que a *fome* sentida leva os participantes do movimento a questionar o projeto da libertação em si. Com isso, líderes são acusados por terem tido a ousadia de propor a *saída* da escravidão.

Em contrapartida, existe também a experiência da superação surpreendente de determinados impasses. Assim, o *povo* pode ficar com a impressão de *Deus* ter se revelado a ele como quem está preocupado com quem *se pôs em marcha* rumo à liberdade, fazendo justamente dessa dinâmica parte da vontade divina. Quer dizer: a superação das dificuldades, até o momento da realização plena da liberdade, indica que esta última sempre é presente de cima, como fruto da graça divina, ou seja, oferta de *quem faz chover pão do céu*.

O princípio da proporcionalidade

O *povo*, em seu caminho rumo à sociedade alternativa em um lugar novo, em vez de *sentir falta*, deve *saciar-se*. Por mais que todos se surpreendam com isso ou por mais que ninguém *saiba* como isso possa acontecer mais exatamente, é para *comer carne e pão*, mesmo em meio a uma situação ainda bastante provisória e marcada pela precariedade.

Quando, por sua vez, se faz presente uma surpreendente fartura, é importante aproveitar o momento para chegar a uma experiência mística. Em vez de estar preocupado com eventuais estoques de alimentos – a fim de garantir, por conta própria, a subsistência de si mesmo e de sua família –, vale a pena saborear, de um modo mais abundante, a providência divina. Ou seja: ao confiar na disponibilidade diária dos alimentos, a necessidade de cada um pode definir a jornada de trabalho e a quantidade dos bens materiais que precisam ser juntados.

Trabalho e descanso

Trabalhar, por sua vez, é necessário. Ou seja: o *povo* precisa *colher* o que *Deus* providencia. Por mais que o *Senhor faça cair pão do céu*, o alimento não entra, de forma automática, na boca da pessoa. Pelo contrário: é preciso que a *comunidade* assuma sua corresponsabilidade, a fim de que não se dê espaço à dinâmica fatal descrita pela sabedoria israelita: *O preguiçoso enfiou sua mão na travessa, mas nem sequer a deixa voltar a sua boca* (Pr 19,24).

No entanto, o trabalho não está desacompanhado do *descanso*. Existe, pois, a experiência, novamente surpreendente, de que o trabalho de um dia rende para mais do que um dia. E é tal sobra, prevista por Deus, que possibilita um *descanso* marcado pela fartura.

Enfim, o trabalho humano quer ser compreendido como fruto da graça divina, ganhando assim uma enorme dignidade. Há, pois, algo para *colher*. Riquezas, que o homem não criou, estão à disposição. O *descanso*, por sua vez, potencializa ainda mais a oportunidade de a pessoa se encontrar com *Deus*. Tendo, pois, as mãos livres, o homem pode entrelaçá-las para concentrar-se no mistério de quem lhe oferece ora o trabalho ora o *descanso*.

Água em Rafidim, posterior Massa e Meriba (Ex 17,1-7)

Contexto e composição

Começa outra cena na história do êxodo (cf. Ex 17,1-7). Logo no início, as personagens são introduzidas – veja a *comunidade dos filhos de Israel*, quer dizer, o *povo* dos recém-libertos, o *Senhor* e *Moisés* (cf. v. 1-2). Além disso, são apresentados um novo lugar – cf. o *deserto de Sin* e de *Rafidim* (v. 1) – e o assunto que dá origem à nova trama – *não havia água para o povo beber* (v. 1). Tais elementos são constitutivos para o gênero literário da narrativa, além das notícias cronológicas e da voz do narrador. No caso, as notícias de *os israelitas porem-se em marcha* e, no final do caminho, *acamparem* em um local diferente (cf. v. 1) trazem, indiretamente, consigo a ideia de que haja também um avanço cronológico. Afinal, é preciso tempo para fazer certo caminho. Resumido: sendo conduzido para situar-se outra vez, o ouvinte-leitor percebe, quase que de forma automática, que se inicia outra unidade literária.

A tradição da *água que brota da rocha em Massa e Meriba* faz surgir outra narrativa de *murmuração*, a terceira na sequência (cf. Ex 15,22-27; 16,1-36). O *povo* volta a *murmurar* no *deserto*, novamente por causa da falta de *água*, como em *Mara*. Ou seja: a situação da comunidade do êxodo continua dramática. Faz-se a experiência de que a mesma dificuldade precisa ser enfrentada várias vezes. Os problemas se repetem (cf. também a tradição paralela sobre a *água em Meriba* em Nm 20,1-13).

Mais ainda: a repetição do motivo da falta de *água* deixa claro, por um lado, que o caminho rumo à liberdade pressupõe uma luta incansável e, por outro lado, que o *povo* depende da presença do *Senhor* em todos os instantes. Em contrapartida, porém, as tradições literárias do êxodo não se limitam a repetir, simplesmente, um motivo já trabalhado. Muito mais, aproveitam o mesmo impasse para demonstrar nele outro aspecto do problema. Assim, a narrativa em Ex 17,1-7 insiste, essa vez, na figura do líder e na qualidade da liderança exercida por ele. Surge, sobretudo, a seguinte pergunta: como o líder deve reagir quando o *povo*, em meio à miséria, começa a discutir com ele e lhe apresenta *murmurações*, aparentemente, legítimos?

Seja ainda destacado, de antemão, um elemento estilístico que confere maior beleza literária e força retórica à narrativa. Observa-se, pois, a repetição de dois motivos interligados entre si, os quais marcam o início e o final do texto, tendo, no total, sete presenças: de um lado, o *povo briga* (ריב) com *Moisés* (v. 2a.e.^{2x}7a); de outro lado, *o povo põe o Senhor à prova* (נסה) (cf. v. 2f.^{2x}7a).

Para favorecer o processo de leitura do texto bíblico, seja visualizada, de forma antecipada, a estrutura literária da narrativa em questão. No caso, são as falas diretas que formam o esqueleto do texto, sendo elas precisas e reduzidas ao necessário, o que sublinha a literariedade da narrativa. Em geral, apresentam ordens, mediante o uso do imperativo (cf. v. 2c.5b-d), ou perguntas, introduzidas pelo uso do pronome interrogativo (cf. v. 2e-f.3d-e.4b.7b). Tanto a ordem como a pergunta esperam por uma resposta. Dessa forma, as falas diretas fazem a história avançar.

Veja a seguinte proposta de estrutura:

v. 1:   A falta de *água* em *Rafidim*
v. 2-3:   A conversa pouco produtiva entre o *povo* e *Moisés*
v. 4a-6d: A conversa produtiva entre *Moisés* e o *Senhor*
v. 6e-7b   *Rafidim*, agora com *água*, torna-se *Massa* e *Meriba*

Tradução e paralelos

17 ¹ Todos da comunidade dos filhos de Israel puseram-se em marcha, a partir do deserto de Sin, para suas marchas conforme as palavras da boca do Senhor, e acamparam em Rafidim. Não havia água para o povo beber.

² O povo brigou com Moisés. Disseram: "Dai-nos água, para que bebamos!" Moisés disse-lhes: "Como brigais comigo? Como pondes o Senhor à prova?" ³ Contudo, o povo teve sede de água ali. E o povo murmurou contra Moisés e disse: "Por que isto? Fizeste-nos subir do Egito, para fazer morrer de sede a mim, meus filhos e minha manada?"

⁴ E Moisés gritou ao Senhor: "O que faço para este povo? Mais um pouco e me apedrejarão!" ⁵ O Senhor disse a Moisés: "Passa à frente do povo e leva contigo uns dos anciãos de Israel! Tua vara, com a qual golpeaste o rio, leva-a em tua mão! Vai! ⁶ Eis que sou eu quem fica de pé ali, à tua frente, sobre o rochedo do Horeb. Golpearás o rochedo e dele sairá água, a fim de que o povo beba". Moisés fez assim sob os olhos dos anciãos de Israel.

⁷ E chamou o nome do lugar Massa e Meriba, por causa da briga dos filhos de Israel e por causa de eles terem posto o Senhor à prova, dizendo: "O Senhor está em nosso meio, ou não está?"

Nm 20,1-13.24
Nm 33,14

Dt 6,16; 9,22; 32,51; 33,8;
Sl 95,8; 106,32

Comentários

Todos da comunidade dos filhos de Israel puseram-se em marcha, a 17 ¹ **partir do deserto de Sin, para suas marchas conforme as palavras da boca do Senhor, e acamparam em Rafidim.**[a] **Não havia água para o povo beber.**[b]

[a] Partindo do *deserto de Sin* (cf. Ex 16,1; cf. a nota c), o *povo* do êxodo chega a *Rafidim*. Fala-se de *marchas*. De fato, a lista de lugares em Nm 33 menciona outros dois *acampamentos* antes de os *israelitas* se estabelecerem em *Rafidim*: *Dafca* e *Alus* (cf. Nm 33,12-14).

É impossível localizar *Rafidim* de forma exata, pois um lugar com esse nome não é identificável na península do *Sinai*, região que a *comunidade* dos libertos atravessa, após a *saída* do *Egito* e a passagem pelo *Mar dos Juncos*. Não obstante, dentro das tradições literárias do êxodo, uma série de acontecimentos marca o momento de os *israelitas acamparem* em *Rafidim*: a falta *água* (cf. Ex 17,1-7); o ataque de *Israel* por parte de *Amalec* (cf. Ex 17,8-16); o reencontro de *Moisés* com seu *sogro*, sua *esposa* e seus *dois filhos Gérson e Eliezer* (cf. Ex 18,1-12); a instituição dos *juízes* (cf. Ex 18,13-27). Mais ainda: *Rafidim* ganha certo realce por presenciar o último *acampamento* da *comunidade* dos libertos antes da *chegada ao deserto do Sinai*, onde *acampam diante da montanha do Senhor* (cf. Ex 19,2; Nm 33,14-15).

No mais, o ouvinte-leitor tem a impressão de que os *filhos de Israel* estão conscientes de que sua caminhada reflita a vontade do *Senhor. Todos se põem em marcha*. Portanto, o grupo parece estar unido nesse momento. Além disso, a repetição do conceito da *marcha*, em tão pouco espaço, sublinha, retoricamente, que é para *marchar* mesmo. O mais importante, por sua vez, encontra-se na circunstância de que as *marchas* acontecem de acordo com *a boca do Senhor*, quer dizer, com o que tal *boca* pronuncia. De um modo indireto, fica claro que o caminho rumo à liberdade reflete, de fato, o projeto deste Deus.

b Pelo que foi narrado anteriormente, o ouvinte-leitor já sabe que o caminho rumo à liberdade é marcado por perigos e sofrimentos. Nesse sentido, é acrescentado agora mais um episódio. Em *Rafidim* – nome hebraico que, provavelmente, provenha da raiz verbal *sustentar* ou *estender* (cf. רפד em Ct 2,5; Jó 17,13; 41,22) – falta *água*. Ou seja: está ausente o bem material mais importante para a sobrevivência no *deserto*.

Literariamente, a frase *E não havia água para o povo beber* recebe maior destaque por ser uma frase nominal. Vale, pois, para a língua hebraica que "toda frase cujo predicado não é um verbo é uma frase nominal" (JOÜON, 1991, p. 564). No caso, onde se lê, na tradução portuguesa, a expressão *não havia*, com a presença de um verbo auxiliar, o texto hebraico apresenta, simplesmente, o advérbio da inexistência (אֵין), o qual indica a falta absoluta da *água*.

Mais tarde, no final da narrativa, há uma formulação paralela ao v. 1c, ao ser colocada uma pergunta dupla: *O Senhor está no nosso meio ou não está?* Novamente, trata-se, em hebraico, de uma frase nominal. Mais ainda: dessa vez, estão presentes os advérbios da existência – יֵשׁ, traduzido como *está* – e da inexistência – אֵין, traduzido como *não está*. Todavia, o paralelismo no nível da linguagem entre v. 1c.7b favorece também uma conjugação dos conteúdos. Sublinha-se, pois, poeticamente, que a falta de *água* leva a refletir sobre a presença ou ausência do *Senhor*.

O tema da *água* perpassa ainda mais a narrativa. Com o motivo de o *povo* precisar *beber água*, o autor cria uma moldura para seu texto, marcada pela mesma sequência de três palavras:

v. 1a: *E não havia água para o povo beber*.

v. 6c.d: *Sairá água dele e o povo beberá*.

O tema também volta na fala do *povo*: *Dai-nos água para bebermos* (v. 2c). Além disso, o mesmo motivo está presente em v. 3a – *O povo teve sede de água ali*. – e em v. 3e, quando o *povo* acusa *Moisés* de *fazer morrer de sede* homens e animais.

Além disso, o motivo da *água* (v. 1c.2c.3a.6c), no contexto literário das tradições do êxodo, leva a outras associações. O ouvinte-leitor lembra-se, pois, de que os *israelitas* experimentaram a *água do rio Nilo* como *água* de *morte*. Por ordem do *Faraó*, pois, seus *filhos* foram *lançados ao Nilo* (cf. Ex 1,22). *Moisés*, por sua vez, é aquele que a *filha do Faraó tirou da água* (cf. Ex 2,10). Mais tarde, *Moisés* e *Aarão* demonstraram que no *Nilo*, em vez de *água*, corre o *sangue* dos escravos (cf. Ex 4,9; 7,14-25). Finalmente, a *água* do *Mar dos Juncos* ameaçou os *hebreus* (cf. Ex 13,17-14,31). Contudo, dessa *água*, o *Senhor* salvou seu *povo*.

Agora, porém, "depois da salvação feliz do poder mortal do Egito, o povo é confrontado com um tipo de morte que não é causada pelo Faraó, mas que é consequência do próprio êxodo. Israel experimenta que o caminho para a liberdade é muito perigoso" (ZENGER, 1985, p. 68). Pela segunda vez, depois da *água amarga* em *Mara*, falta *água* para *beber*. Enfim, sem *água* no *deserto*, os *israelitas*, já em liberdade, estão sujeitos à morte. Com isso, a história do êxodo não deixa dúvidas de que o caminho para a liberdade é doloroso. Riscos têm que ser enfrentados. Contudo, como as demais tradições do *deserto*, também a história da falta de *água* em *Rafidim* parece querer oferecer um modelo de comportamento para tal situação.

v. 2 O povo brigou com Moisés. Disseram: "Dai-nos água, para que bebamos!"ᶜ Moisés disse-lhes: "Como brigais comigo? Como pondes o Senhor à prova?"ᵈ

ᶜ O *povo* não se acostuma com a miséria. *Briga com Moisés* (v. 2a) – aliás, também o termo *brigar* ajuda a formar uma moldura, marcada pela presença no início e no final da narrativa (cf. v. 2a.e.²ˣ7a). Em todo caso, em vez de resignação e silêncio, o *povo* aproveita a liberdade que o êxodo lhe forneceu. Estão livres agora. Podem protestar. No Egito, o protesto causava graves consequências. Quando, por exemplo, os *escribas israelitas foram reclamar com o Faraó* a respeito do trabalho pesado e da violência dos capatazes egípcios, o rei do Egito chamou-os de preguiçosos e lhes negou o pedido de diminuição do trabalho (cf. Ex 5,15-18).

Agora, por sua vez, *Moisés* é o alvo primeiro da *briga*. Foi ele quem fez a proposta de o *povo sair* do *Egito*. Portanto, é normal que reclamem com ele. No entanto, chama a atenção do ouvinte-leitor que o *povo*, ao *brigar com Moisés*, apresenta uma ordem usando o plural: *Dai-nos água, para que bebamos!* (v. 2c). O protesto dirige-se, portanto, ao grupo dos líderes, e não somente a *Moisés*. Além disso, a exigência dos que compram a briga é clara: os líderes devem fornecer o que o *povo* precisa para viver.

O ouvinte-leitor começa sentir a dramaticidade do pedido, pois sabe que *não havia água para beber* em *Rafidim* (v. 1c). Surge, portanto, a pergunta sobre as possibilidades que *Moisés, Aarão* e os *escribas israelitas* têm para resolver o problema. "Será que Israel já aprendeu a confiar na ajuda de Deus?" (FISCHER; MARKL, 2009, p. 193).

d *Moisés* responde a exigência do *povo* com uma pergunta dupla: *Como brigais comigo? Como pondes o Senhor à prova?* (v. 2e-f). A repetição do mesmo pronome interrogativo *como*, no sentido de *por quê*, indica a relação entre as duas perguntas.

Aparentemente, *Moisés* interpreta a exigência do *povo* de forma negativa. De modo sutil, insinua que *brigar* com ele significa *pôr o Senhor à prova*. Afinal de contas, o *Senhor* tinha lhe conferido a tarefa de conduzir o *povo*. Agora, porém, *Moisés* sente-se questionado pela discussão do *povo*, a qual ele avalia como sinal de oposição ao *Senhor*. No mínimo, o duplo *como* ou *por quê* de *Moisés* indica sua incompreensão com respeito ao pedido do *povo*, seja esta verdadeira ou apenas politicamente oportuna. Em todo caso, a continuação da história deixará claro que a postura aqui tomada por *Moisés* não se justifica.

A expressão *pôr à prova*, em si, estaria aberta também a uma compreensão positiva, no sentido de pedir algo com insistência. Nas narrações em que *o Senhor Deus põe o povo à prova* pressupõe-se justamente este entendimento (cf. Ex 15,25; 16,4; 20,20; Dt 4,34; 8,2.16; 13,4). Trata-se do pedido de o *povo provar* sua fidelidade ao projeto do êxodo, pois somente assim terá um futuro melhor. Seja lembrado aqui que, no caso de *Acaz*, o *profeta Isaías* critica a atitude do *rei de Judá* de *não pedir nada* para *não pôr o Senhor à prova* (cf. Is 7,12), pois com essa postura *Acaz* demonstra achar melhor não esperar nada de Deus, a fim de não ser incomodado por este último.

Enfim, diante da miséria ameaçadora em *Rafidim – sem água no deserto!* –, o *povo* tem de formular seu grito, o que, por sua vez, é expressão da nova liberdade. O pedido é dirigido, por primeiro, a *Moisés* e ao grupo dos líderes. No entanto, fica claro que o verdadeiro destinatário da exigência é Deus. *O povo briga com Moisés e põe o Senhor à prova* (cf. Dt 6,16; Sl 95,8s). Talvez essa postura possa ser interpretada como falta de paciência ou até desconfiança imediata – cf. a fala do *povo* em v. 7b: *O Senhor está em nosso meio? Ou não está?* (cf. também Sl 78,40-42; 106,13s). Entretanto, a dor da *sede* não pode esperar. O *povo* pede uma solução com urgência máxima.

v. 3 Contudo, o povo teve sede de água ali. E o povo murmurou contra Moisés e disse: "Por que isto? Fizeste-nos subir do Egito, para fazer morrer de sede a mim, meus filhos e minha manada?"e

e Novamente, é apresentada a miséria a ser enfrentada pela comunidade do êxodo: E *o povo teve sede de água ali* (v. 3a). No texto hebraico, o verbo *ter sede* e o substantivo *sede* são a primeira e última palavra em v. 3a-e. Portanto, forma-se uma inclusão que destaca estes cinco meios versículos como pequena unidade literária, sendo que ela descreve a situação e o protesto do *povo*, destacados, em fala direta, pelo próprio *povo*.

A ideia de que a *sede* continua realça a dramaticidade da miséria sofrida pela comunidade do êxodo. É uma situação de morte. O verbo *fazer morrer*, na fala do *povo* a *Moisés*, sublinha esse aspecto. Além disso, a insistência da narrativa na notificação da *sede*, logo em seguida do primeiro discurso de *Moisés* (cf. v. 2e-f), deixa claro que a incompreensão do líder não traz nenhum benefício para o *povo*. Pelo contrário, serve apenas para o agravamento da situação: agora *o povo murmura contra Moisés* (v. 3b).

Será que a *murmuração do povo* é legítima? Faz-se necessário dizer, por primeiro, que grito e protesto são a reação normal à miséria. Estão em jogo vidas humanas. Justamente esse detalhe parece ganhar relevância na mudança inesperada do número na fala do *povo*: *Fizeste-nos subir do Egito, para fazer morrer de sede a mim, meus filhos e minha manada?* (v. 3e). As antigas traduções (Septuaginta,

Peshitta, Targum jerosolimita e Vulgata) mudaram as formas singulares – *mim, meus* e *minha* – para o plural – *nós, nossos* e *nossa*. É possível que se trate da tentativa de facilitar a leitura do texto. A variante mais difícil, por sua vez, é preferível como texto provavelmente mais original. Ao optar pela variante mais difícil, por sua vez, observa-se que, na segunda parte da frase, o *nos* é individualizado (*mim, meus, minha*). Esse modo de se expressar chama a atenção do ouvinte-leitor para o sofrimento de cada indivíduo e sua família/casa, sendo esta última representada pelos *filhos* e pela *manada*. No caso, "a individualização serve à visualização" (KÖNIG, 1900, p. 51).

O argumento principal, porém, para a legitimidade do protesto está no fato de o *Senhor* acolher a *murmuração* do *povo*, providenciando o bem material que lhe falta, e isso sem criticá-lo. Portanto, a reação popular pode ser avaliada como "realização daquela liberdade que o próprio Deus do êxodo deu a seu povo. Trata-se da revolta de um povo que está sofrendo e que não está disposto a aceitar, passivamente, a miséria" (ZENGER, 1985, p. 69).

E Moisés gritou ao Senhor: "O que faço para este povo? Mais um pouco e me apedrejarão!"[f] [v. 4]

[f] A reação do líder, marcada pelo *grito ao Senhor* (cf. v.4a), tem a maior importância (veja outros *gritos* dele em Ex 8,8; 14,15; 15,25; Nm 12,13). *Moisés* começa a procurar uma solução para o problema da miséria a partir de Deus, assumindo o protesto do *povo*. Nesse sentido, o ouvinte-leitor é novamente aproximado ao mistério mais profundo da experiência do êxodo, o qual consiste na circunstância de *Deus escutar o grito do povo* sofrido (cf. Ex 2,23-25; 3,7.9; 14,10-31; 15,24-25; 22,22.26; Nm 11,3; 20,16). Também no credo do *israelita* (cf. Dt 26,5-9), o *grito* dos *oprimidos* assume centralidade: *Gritamos ao Senhor, o Deus de nossos pais, e o Senhor nos escutou* (cf. LOHFINK, 1990). Portanto, a decisão de *Moisés* de

gritar ao Senhor causa esperança, pois foi o *grito* que deu origem ao projeto do êxodo.

Formulando sua terceira pergunta – *O que faço para esse povo?* (v. 4b) –, *Moisés* mostra-se, finalmente, preocupado com a miséria do *povo*, talvez por sentir o perigo do protesto na própria pele: *Mais um pouco, pois, e me apedrejarão!* (v. 4c). A *murmuração* do *povo* começa a transformar-se em violência. É pressuposta a noção de que um *apedrejamento* de *Moisés* não seria uma solução para o problema. Por isso, o motivo da ameaça parece estar em função de outros dois pensamentos. De um lado, reforça a reivindicação de o líder assumir uma atitude marcada pela postura de levar a sério o sofrimento do *povo*; a incompreensão não serve como resposta. De outro lado, o ouvinte-leitor percebe novamente que o êxodo somente é realizável por Deus. A libertação, quando acontece, tem caráter de milagre. Ela simplesmente depende da *mão forte e do braço estendido de Deus*, no sentido de o *Senhor* agir *em meio a grande terror, com sinais e prodígios* (Dt 26,8). Nem o líder nem o povo são capazes de realizar o êxodo por conta própria. Pelo contrário: se a libertação dependesse do homem, ela terminaria em *apedrejamento* e morte.

v. 5 O Senhor disse a Moisés:[g] "Passa à frente do povo e leva contigo uns dos anciãos de Israel![h] Tua vara, com a qual golpeaste o rio, leva-a em tua mão![i] Vai![j]

[g] O discurso mais longo é reservado ao *Senhor* (cf. v. 5b-6d). *Moisés* recebe "uma série de avisos" por parte de Deus (FISCHER; MARKL, 2009, p. 194). O conteúdo das instruções deixa claro que *Moisés* continua a ser intermediário e líder, no entanto, sempre no sentido de ele se tornar um instrumento na mão do *Senhor*.

[h] Apesar de sua incompreensão anterior (cf. v. 2d-f), *Moisés* é chamado a *passar à frente do povo* (v. 5b). Quer dizer: é para *ultrapassar a comunidade* e estar diante *dela*, como o *Senhor* o faz, seja na *coluna de nuvem*, seja na *coluna de fogo* (cf. Ex 13,21) (cf.

FISCHER; MARKL, 2009, p. 194). Enfim, o líder escolhido por Deus deve estar *à frente do povo*, assim como o *Senhor* promete posicionar-se *à frente* do líder (cf. v. 6a).

Contudo, *Moisés* não deve ir sozinho. Como em outros momentos, os *anciãos de Israel* devem acompanhá-lo (cf. Ex 3,16.18; 4,29; 12,21; 18,12; 19,7; 24,1.9.14). Dessa forma, a ação de *Moisés* e, com isso, a atuação do *Senhor* ganham uma maior visibilidade, sendo que os *anciãos* são os "representantes políticos da comunidade" (CRÜSEMANN; ÖHLER, 2009, p. 10). Unidos ao líder, vão poder testemunhar, de perto, os acontecimentos, pois *Moisés fará* tudo *sob os olhos* deles (cf. v. 6e).

i *Moisés* deve *levar* consigo, além dos *anciãos de Israel*, a *vara* como símbolo do poder do *Senhor* (observe a dupla colocação do verbo *levar* em v. 5c.d). Com isso, surge uma referência explícita à história da primeira praga, quando *Moisés*, ao *golpear a água no rio com a vara* que está *em sua mão, transforma* o líquido precioso no Nilo *em sangue* (cf. Ex 7,14-25; cf. GRENZER, 2007, pp. 49-65). Mais ainda: tal narrativa, por primeiro, cria um maior mistério em relação a quem *golpeia a água no rio*. Ora é *Moisés* (cf. Ex 17,17), ora é *Aarão* (cf. Ex 17,19). No final, por sua vez, fica claro que é o próprio *Senhor* quem *está golpeando o rio*, impedindo, dessa forma, que os recursos naturais da terra estejam para sempre à disposição do sistema opressor.

Em todo caso, a *vara*, o poder divino, pode provocar um desastre, como no momento em que *Moisés golpeou o rio*. De outro lado, o mesmo poder divino pode garantir a sobrevivência do *povo* em seu caminho rumo à liberdade, como no momento em que *Moisés golpeia o rochedo em Massa e Meriba* (cf. v. 6b).

j O líder é simplesmente chamado a continuar a caminhada: *Vai!* (v. 5e). Eis a vocação original de *Moisés: Vai, pois, agora! Envio-te ao Faraó: faze sair do Egito o meu povo, os filhos de Israel!* (cf. Ex 3,10). Quer dizer: de forma alguma, o *profeta* (cf. Dt 34,10) deve assumir uma postura marcada pela passividade no que se refere à necessidade de continuar o caminho rumo à liberdade.

v. 6 Eis que sou eu quem fica de pé ali, à tua frente, sobre o rochedo do Horeb.ᵏ Golpearás o rochedo e dele sairá água, a fim de que o povo beba".ˡ Moisés fez assim sob os olhos dos anciãos de Israel.ᵐ

k A narrativa chega a seu auge, realçando "a misericórdia do *Senhor* com seu povo necessitado. O *grito* de *Moisés* ao *Senhor*, pois, resulta numa resposta positiva" (CRAGHAN, 1999, p. 106). Sublinha-se a presença salvadora de Deus. Enquanto *Moisés* deve *caminhar* ou *andar* (cf. v. 5e), o *Senhor* se propõe a *ficar em pé* no lugar, rumo ao qual seu *profeta* deve *ir* (v. 6a). Junto ao *rochedo*, mantém-se firme, sem mudar de posicionamento, porém, prometendo que estará *à frente de Moisés*. Justamente essa promessa divina deve ser motivo suficiente para o líder não parar. Exige-se confiança na providência divina. Mais ainda: será apenas o futuro que revelará a bondade de Deus para com seu *povo*.

"Não é dito se o *Senhor* será invisível ou, de alguma forma, visível nesse lugar. Todavia, sua presença causará a dádiva da *água*" (NOTH, 1988, p. 111). Nada se fala de um castigo do *povo*, por causa de ter *brigado com Moisés* e *murmurado* contra o líder (v. 2a.3b). Deus simplesmente elimina a causa da miséria.

O *rochedo* mencionado na narrativa encontra-se em estreita relação com o *Horeb*. Ou seja: imagina-se que o *rochedo* se localize *no Horeb*. Em princípio, o *Horeb* indica a *montanha de Deus* (cf. Ex 3,1), onde o *Senhor fala a seu povo, fazendo um pacto* com a *comunidade dos que saíram do Egito* (cf. Dt 1,6; 4,15; 5,2; 28,69). Nesse sentido, a *montanha do Horeb* equivale à *montanha do Sinai* (cf. Ex 19,18). De outro lado, porém, importa lembrar que "*Horeb* não é um nome, mas significa: região *seca* ou *devastada*" (BRAULIK, 1986, p. 21). Nessa perspectiva, o *Horeb* pode ganhar presença em diversos lugares, o que facilita a compreensão de v. 6a. No caso, pois, o *povo* dos *israelitas* está ainda em *Rafidim* (cf. v. 1). Apenas mais tarde, *pôr-se-á em marcha*, a fim de *chegar, de Rafidim, ao deserto do Sinai*, onde *acampará diante da montanha* (cf. Ex 19,2). Enfim, pode-se chegar à seguinte compreensão: o *Horeb* representa a experiência de o *Senhor* oferecer a seu *povo*, em um lugar *seco* e *devastado*, a dádiva da vida, seja em forma de *água*, seja através de sua *palavra* legisladora que se torna o fundamento do *pacto* a ser realizado.

l "A *água do rochedo* representa um milagre paradoxal, o qual é acolhido, por textos mais tardios, como sinal do poder ilimitado de Deus, capaz de fazer jorrar fontes de algo duro, inflexível e seco (cf. Dt 8,15; Is 48,21; Sl 78,20; 105,41; 114,8)" (FISCHER; MARKL, 2009, p. 195). Com isso, a narrativa está de volta ao tema principal. O *Senhor* providencia o que a comunidade dos libertos precisa para sua sobrevivência. Haverá *água, a fim de que o povo beba*. Ou seja: assim como *o Senhor fez os israelitas saírem do Egito*, também leva Moisés a fazer *sair água do rochedo*. Novamente, torna-se visível o projeto amplo do êxodo: a *saída* da sociedade opressiva inclui o abastecimento material do *povo*, enquanto este caminha rumo à liberdade.

m Obediente à ordem do *Senhor*, é *Moisés*, outra vez, quem *faz* o que beneficia o *povo*. Contudo, a centralidade não cabe ao líder, mas a quem permite o milagre. Um olhar para a apresentação artística do *dito* divino e da reação de *Moisés* confirma essa afirmação. Aparentemente, há, pois, um arranjo concêntrico das palavras, tendo no centro o principal:

v. 5b: (A1)   *Passa à frente do povo*
v. 5c: (A2)   *e leva contigo uns dos anciãos de Israel!*
v. 5d: (B)   *Tua vara, com a qual golpeaste o rio, leva-a em tua mão!*
v. 5e: (C)   *Vai!*
v. 6a: (C')   *Eis que sou eu quem fica de pé ali, à tua frente, sobre o rochedo no Horeb!*
v. 6b-c: (B')   *Golpearás o rochedo e dele sairá água,*
v. 6d: (A1')   *a fim de que o povo beba.*
v. 6e: (A2')   *Moisés fez assim sob os olhos dos anciãos de Israel.*

No caso, existe uma inclusão exterior, formada por v. 5b.c (A1 e A2) e v. 6d.e (= A1' e A2'). Os paralelismos que garantem as conexões nascem da repetição do termo *povo* (v.5b.6d) e da expressão *anciãos de Israel* (v. 5c.6e). Com isso, no início e no fim, faz-se presente *toda a comunidade dos filhos de Israel*, junto a seu líder *Moisés* e seus representantes, os *anciãos*. Mais ainda: o *povo* é apresentado como necessitado. É preciso que *beba*. Aliás, seja anotado agora que o termo *povo* aparece, exatamente, por sete vezes em toda a narrativa (cf. v. 1c.2a.3a.b.4b.5b.6d), algo, provavelmente, planejado por quem compôs o texto, sendo que o número "sete" serviu de elemento estilístico aos poetas hebreus.

Há uma segunda moldura interior em torno do centro, formada por v. 5d (B) e v. 6b.c (B'). Dessa vez, a presença repetida do verbo *golpear* garante a ligação entre os dois meios versículos. No mais, começa a ficar claro que *Moisés* não atua por força própria. Pelo contrário, a imagem da *vara em sua mão* torna-se simbólica, expressando a ideia de que o poder e a força do *Senhor* o acompanham. Eis a origem e a garantia da sobrevivência do *povo*.

As duas molduras destacam o centro, formado por v. 5e.6a (C e C'). O primeiro elemento central chama a atenção do ouvinte-leitor por ser o mais curto – *Vai!* –, enquanto o segundo apresenta uma maior frase nominal, introduzida pela partícula dêitica: *Eis que sou eu quem fica de pé ali, à tua frente, sobre o rochedo do Horeb!* Há uma oposição, ou seja, um paralelismo antitético, formado pelos dois verbos, que une v. 5e e v. 6a no centro da estrutura artisticamente elaborada: *Moisés* deve *ir/andar/caminhar* (וְהָלַכְתָּ), enquanto o *Senhor fica parado/de pé* (עֹמֵד). Enfim, essa é a dinâmica proposta: o líder deve tornar-se ativo na busca do que o *povo* precisa, sendo que pode confiar na presença permanente do *Senhor*.

v. 7 E chamou o nome do lugar Massá e Meribá, por causa da briga dos filhos de Israel e por causa de eles terem posto o Senhor à prova, dizendo: "O Senhor está em nosso meio, ou não está?"[n]

¹¹ O autor não está interessado em narrar os detalhes do milagre, ou seja, de como *saiu a água do rochedo* (cf. v. 6b.c), sendo que o verbo *sair* lembra o projeto do êxodo como um todo. Também não se ouve nada sobre a reação dos *israelitas*. Simplesmente é contado que *Moisés faz sob os olhos dos anciãos* como Deus lhe falou (cf. v. 6e). Portanto, o foco está no *Senhor*, que elimina a causa da miséria e garante assim a continuação do projeto do êxodo.

O comportamento de *Moisés* muda durante a história. Sua primeira reação ao protesto do *povo* é marcada por incompreensão, sendo que tal postura resulta na ameaça de uma reação por parte do *povo* que inclui a possibilidade de usar violência. A solução apontada pelo texto, porém, é outra. A segunda reação de *Moisés*, pois, é *gritar ao Senhor* (v. 4a), sendo o *grito* acompanhado pela disponibilidade de procurar um caminho a partir de Deus: *O que posso fazer para este povo?* (v. v. 4b). Como consequência, *povo* e líder podem experimentar a providência divina, ou seja, o cumprimento da promessa de que *o povo beberá* (cf. v. 6d). *Moisés* apenas há de *fazer* o que o *Senhor* lhe ordena (v. 6e).

No final, *Moisés* estabelece a memória da experiência da solidariedade de Deus com seu *povo*. Dá ao *lugar* do milagre o *nome* de *Massa* (= prova) e *Meriba* (= briga), *por causa de os israelitas terem brigado com Moisés* e *posto o Senhor à prova*. Aliás, observa-se que os dois substantivos *prova* (A) e *briga* (B) são colocados de forma inversa na segunda parte, quando surgem o substantivo *briga* (B') e o infinitivo *terem posto à prova* (A'). Assim, surge uma pequena estrutura concêntrica: A-B-B'-A'. Enfim, o *nome do lugar* lembra, por primeiro, a atitude de incompreensão por parte de Moisés: *Por que brigais comigo? Por que pondes o Senhor à prova?* (v. 2e-f). Por outro lado, porém, o *nome* lembra a *prova* de amor que o *Senhor* dá a seu *povo*. *Deus*, simplesmente, não permite que a *comunidade* dos recém-libertos *morra de sede*. Assim, o ouvinte-leitor sempre deve lembrar que o *Senhor* se revela como quem *está no meio* do *povo* sofrido (cf. v. 7b).

Atualização pastoral

O perfil do líder

Os líderes são exigidos, de um modo especial, quando o *povo*, em seu caminho rumo à construção de uma sociedade nova e alternativa, enfrenta, de forma repetida, o impasse da falta dos bens materiais necessários para sua sobrevivência. Nessas situações, é inevitável que discussões e *brigas* se façam presentes, sendo que os descontentamentos são dirigidos a quem, profeticamente, propôs a dinâmica da libertação.

O *povo*, em princípio, pensa em sua própria sobrevivência. Não tem como ser diferente. Portanto, quem assume a liderança tem que estar consciente de sua tarefa de servir, por primeiro, ao abastecimento material da *comunidade*. Por mais que o líder não possa impedir situações de maior emergência, no mínimo deve mostrar-se sensível ao sofrimento do *povo*. É necessário que esteja disposto a enfrentar lamentações, *murmurações*, discussões e até perguntas críticas em relação à proposta da *saída* da sociedade opressiva. Qualquer tipo de postura marcada pela incompreensão do *povo* sofrido levará somente a um agravamento da situação.

Mais ainda: o líder precisa saber que ele não tem como salvar o *povo*. Seria arrogância e estimar em demasia as próprias forças. Muito mais, o líder deve estar consciente de que a sobrevivência de todos depende da graça divina. Portanto, cabe aos que assumem a liderança cultivar a esperança de que o *Senhor* esteja sempre favorável a seu *povo*, garantindo-lhe, com sua bênção, um futuro bom.

A proximidade de Deus

Também o *povo* é convidado a tornar-se sensível à presença do *Senhor no meio* dele. Tal proximidade ganha expressão e visibilidade, quando toda a *comunidade* consegue sobreviver materialmente. De outro lado, o *povo* sofrido sabe que a falta de alimentos é algo incompatível com a fé em um *Deus* que prevê vida em liberdade para todos. Por isso, a ausência de alimentos não pode ser aceita passivamente. Nesse caso, o *povo* deve *brigar* com os líderes e pedir a *Deus* que este *prove*, novamente, seu amor.

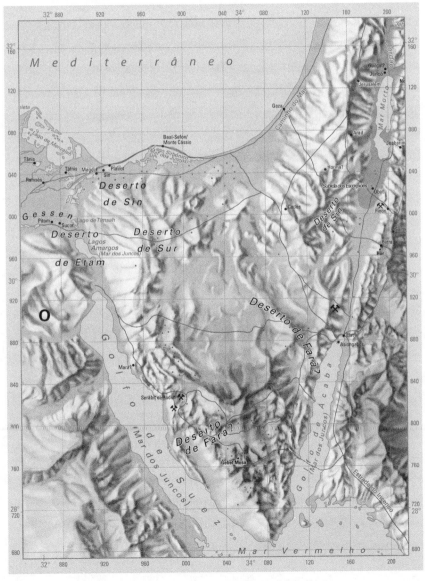

Figura 3: Península do Sinai (ZWICKEL, 2010, p. 15).

Josué enfrenta Amalec
(Ex 17,8-16)

Contexto e composição

Contextualização

Os seis episódios contidos em Ex 15,22–18,27 aconteceram, segundo a narrativa bíblica, após a travessia do Mar dos Juncos. Este é o fato que deu liberdade e separou, "definitivamente", os israelitas das mãos do Faraó e da opressão sofrida no Egito. O Cântico da Vitória, ou Cântico do Mar, celebra esse feito (GRYLAK, 1998, p. 83), e exalta a grandeza da ação libertadora do Senhor (cf. Ex 14,15–15,21). Os seis episódios, então, constituem uma etapa importante na marcha do povo liberto, sob a liderança de Moisés, antes que chegasse ao Monte Sinai.[1] A liberdade recebida deve ser assumida pela comunidade como dom.

No Monte Sinai, o povo liberto selou uma aliança com o seu Senhor libertador, adquiriu *status* de comunidade, juridicamente organizada, e viveu diversos conflitos. Essas experiências serviram para o povo conhecer, aprender e executar o culto agradável ao Senhor que os libertou. Da saída do Egito até a chegada ao Sinai, transcorreram três meses (cf. Ex 19,1-2),[2] uma parada "obrigatória,

---

[1] Sobre as características da península do Sinai (ZENGER, 1989, pp. 29-34).

[2] Moisés, quando se apresentou diante do Faraó, com os anciãos, transmitiu a ordem do Senhor, recebida no Sinai: *O Senhor, Deus dos hebreus, nos apareceu; agora, pois, deixa que caminhemos uma rota de três dias pelo deserto e sacrifiquemos em honra do Senhor, nosso Deus* (Ex 3,18; 5,3; 8,23). Após a saída, porém, os três primeiros dias de marcha deram início a um tormento: *Depois que Moisés fez partir os israelitas do Mar dos Juncos, os que se encaminharam na direção do deserto de Sur caminharam por três dias pelo deserto sem encon-

mas o objetivo final de toda a peregrinação era a entrada na terra de Canaã".[3]

O bloco de Ex 15,22-18,27 preenche, então, o espaço narrativo entre a vitória sobre as tropas do Faraó, no Mar dos Juncos, a marcha inicial pelo deserto e a chegada ao Sinai. Neste bloco narrativo, o ouvinte-leitor encontra seis episódios que evocam necessidades básicas[4] tidas pelos libertos ao longo da primeira etapa da marcha e das primeiras providências organizativas orientadas pelo experiente sogro de Moisés:

1) Sede: as águas amargas (Ex 15,8-27);
2) Fome: o maná e as codornizes (Ex 16,1-36);
3) Sede: a água que brota da rocha (Ex 17,1-7);
4) Defesa contra inimigos: Josué enfrenta Amalec (Ex 17,8-16);
5) Reencontro familiar: Jetro encontrou seu genro, para lhe devolver a sua filha e os seus netos (Ex 18,1-12);
6) Liderança partilhada: Jetro aconselhou Moisés a instituir um conselho de anciãos para atuar, ao seu lado, como juízes (Ex 18,13-27).

Percebe-se que, desses seis episódios, quatro estão ligados à luta pela sobrevivência e aparecem em uma sequência lógica: sede – fome – sede – guerra. Dois episódios estão ligados a Jetro, sogro de Moisés: o primeiro evoca um encontro, no qual Jetro buscou Moisés para lhe devolver sua esposa Séfora e seus dois filhos Gérson e

---

trarem água (Ex 15,22). Com isso, houve um grande atraso, de três dias para três meses, indicando que a marcha se tornou mais longa e pesada devido às necessidades que os israelitas começaram a enfrentar no deserto.

[3] A fé no Senhor, que arrancou o seu povo do Egito, foi edificada a partir da ação ligada à guerra de libertação. Sobre o sentido das fórmulas estereotipadas e dos verbos utilizados nos textos do livro do Êxodo (ZENGER, 2002², pp. 241-249).

[4] É possível classificar as necessidades enfrentadas por Moisés e seu povo em três temáticas (LOPEZ, 2004, p. 146): necessidades de ordem natural (fome e sede), dificuldades no interior da própria comunidade (questões de autoridade e de poder), e os ataques de outros grupos do deserto (amalecitas).

Eliezer; o segundo evoca um ato de obediência de Moisés, no qual aceitou o conselho do sogro, a fim de dividir sua tarefa de juiz com homens escolhidos e virtuosos.

Em geral, as dificuldades que os israelitas enfrentaram, desde a saída do Egito até a chegada ao Monte Sinai, seguem um esquema literário básico: (a) situação de necessidade; (b) murmuração do povo contra Moisés; (c) intercessão de Moisés pelo povo; (d) manifestação divina favorável. Em Ex 17,8-16, não há a murmuração do povo contra Moisés, mas, no lugar, há uma ordem dada a Josué, que não hesita em executá-la. É Moisés quem cria uma dificuldade para Josué, pois o convoca a sair e a guerrear contra Amalec, que os ataca.

Na escolha dos homens aptos para esse enfrentamento, encontra-se, por um lado, um modelo de coalizão que visa a uma conquista primária: livrar-se de um inimigo e lutar por um território, ainda que transitório; por outro lado, uma luta pela hegemonia dentro da comunidade dos libertos. Quem não estivesse apto para lutar pelo mesmo ideal não seria capaz de experimentar as exigências da aliança com o Deus do Sinai, que tirou o povo do Egito para dar, em herança, a Terra Prometida aos pais: Abraão (cf. Gn 12,6-7), Isaac (cf. Gn 26,2-5) e Jacó (cf. Gn 28,13-15; Dt 1,6-8).

Estrutura do texto

A estrutura concêntrica, denominada quiasmo, proposta por Robinson (1985, pp. 15-22) e seguida por Vogels (2003, pp. 174) é, de fato, muito oportuna e bem apresentada, facilitando a visualização dos momentos e dos movimentos presentes na narrativa de Ex 17,8-16.

A: Amalec em guerra contra Israel (v. 8)
   B: Moisés dá instruções a Josué
   O que ele (Moisés) fará
   Josué aceita (vv. 9-10a)
      C: Josué ataca Amalec (v. 10b)
         D: Moisés, Aarão e Hur (v. 10c)
            E: As mãos de Moisés (v. 11)
            E': As mãos de Moisés (v. 12a)
         D': Moisés, Aarão e Hur (v. 12b)
      C': Josué derrota Amalec (v. 13)
   B': O Senhor dá instruções a Moisés
   O que ele (Senhor) fará
   Moisés aceita (vv. 14-15)
A': O Senhor em guerra contra Amalec (v. 16)

A investida contra Israel, partindo de Amalec, foi o primeiro enfrentamento bélico que os libertos tiveram após sua saída do Egito.[5] Parece que a vitória, contra Amalec, surgiu como uma contrarresposta à dúvida que o povo manifestou sobre a presença do Senhor: *Está o Senhor no nosso meio, ou não?* (Ex 17,7). Ao lado da dúvida, pode-se supor que essa guerra ocorreu como uma disputa pelo precioso dom da água, que brotou da rocha em território amalecita, um achado que traria enormes benefícios para os habitantes daquela região. Assim sendo, essa guerra teria acontecido pela posse do

---

[5] 1Sm 7,7-12 possui algumas semelhanças literárias com Ex 17,8-16: um inimigo (filisteus/amalecitas); um intercessor (Samuel/Moisés): a vitória sobre os filisteus foi obtida por Samuel, graças ao sacrifício, e a vitória sobre os amalecitas foi obtida por Moisés, graças à intercessão; nos dois episódios uma pedra foi usada e recebeu um nome para celebrar o feito; enfim, o Senhor fez pesar sua mão contra o inimigo do povo eleito. Esses dois textos apresentam a importância da intercessão para que a vitória fosse alcançada (RENDTORFF, 2005, pp. 555-556).

aquífero, descoberto graças ao feito providencial do Senhor a favor do seu povo.⁶

Ex 17,8-16 narra um episódio completo sem muitos detalhes, mas pode ser devidamente delimitado: possui começo, desenvolvimento e desfecho. Com relação ao que precede: as águas que brotam da rocha (cf. Ex 17,1-7); e o que sucede: o encontro de Jetro com Moisés (cf. Ex 18,1-12), verifica-se uma mudança de temática e de movimento de personagens em ação. Moisés, porém, é a única figura constante, porque possui, ao lado do Senhor, o protagonismo nos três episódios narrados.

Dois elementos, em particular, ligam o episódio da guerra com os amalecitas à murmuração precedente pela necessidade da água. O primeiro elemento é o local, pois o povo, conduzido por Moisés, encontrava-se em Rafidim,⁷ localidade de um acampamento referida em Ex 17,1.8; 19,2. O segundo elemento é o poder que foi atribuído ao bastão que Moisés tinha nas mãos (cf. Ex 17,5).

A figura de Josué apareceu sobretudo no enfrentamento com Amalec e cresceu ao longo da trajetória exodal, até que ele assumisse o comando do povo no lugar de Moisés (cf. Dt 34,9; Js 1,1-10). Nesse sentido, o relato da guerra poderia ser uma preparação para o que está narrado em Nm 13,1–14,45. Josué e Caleb foram

---

⁶ A tentativa de Amalec impedir Moisés e seu povo de prosseguirem viagem poderia ser vista, segundo a ótica das pesquisas recentes, como um povo que se aproveita da situação de fraqueza do Egito para crescer, ou como a intervenção de um vassalo do Egito que teria a obrigação de controlar uma das fronteiras. O Egito, no século XIII a.C., dominava toda a região da Península do Sinai, mas passou por problemas, visto que teve de conter a invasão dos Povos do Mar em uma batalha náutica retratada nas paredes do templo de Amon em Karnak (FINKELSTEIN; SILBERMAN, 2002, pp. 96, 100-103; LIVERANI, 2003, pp. 14-16, 40). Para uma síntese da questão sobre as pesquisas arqueológicas recentes na Palestina, veja Da Silva (2003, pp. 43-87).

⁷ Não há como oferecer uma informação conclusiva quanto à exata localização de Rafidim e do Sinai (cf. ZWICKEL, 2010, mapa 5). O texto pretende, somente, informar que Rafidim foi uma etapa importante, devido aos obstáculos encontrados por Moisés e os filhos de Israel na sua marcha rumo ao Sinai: falta de água e investida inimiga.

os únicos a defender a possibilidade da tomada de posse da terra (cf. Nm 14,6-9). Por isso, a derrota dos israelitas arrependidos pelos amalecitas (cf. Nm 14,45) seria uma contraposição factual e temática à vitória que Josué obteve no início da marcha pelo deserto.

Dt 25,17-19 contém uma narrativa bem mais breve que Ex 17,8-16.[8] Como a guerra contra Amalec foi a primeira, após a saída do Egito, a ordem dada pelo Senhor a Moisés para que se registrasse o feito *em um livro* (Ex 17,14) poderia ter sido o início do perdido *livro das guerras do Senhor* (cf. Nm 21,14), uma espécie de memorial das guerras que enalteciam o Deus dos israelitas (DURHAM, 1987, p. 234).

Do ponto de vista da crítica literária, o uso do epíteto *Elohîm* (Ex 17,9) e das referências ao Tetragrama Sagrado (יהוה), *Senhor* (Ex 17,14-16), indicam tradições diferentes fundidas no estágio final do livro, que pode ter sido retocado por uma mão deuteronomista (DURHAM, 1987, p. 234; CHILDS, 2003, pp. 317-318). Todavia, é inútil, aqui, voltar a discutir sobre a questão das fontes *Javista* e *Eloísta*.[9]

Ex 17,8-16 pode ter passado por mais de um estágio redacional (MICHAELI, 1974, p. 152), contendo uma notícia breve, de cunho teológico (v. 8-13) e dados complementares, de caráter etimológico ou etiológico (v. 14-16). Em linhas gerais teríamos: Amalec vem contra Israel; Moisés encarrega Josué de combater Amalec e comandar homens escolhidos, mas não profissionais bélicos; Moisés intercede por Josué e seus homens; Josué vence a batalha; comemora-se o feito.

Nas entrelinhas, foram acrescentadas as informações sobre o bastão de Moisés, que, desse momento em diante, não foi mais

---

[8] Para um estudo das relações entre Ex 17,8-16 e Dt 25,17-19 (DIETZFELBINGER, 1995, pp. 41-60).

[9] Sobre os debates, em torno da questão sobre o longo processo de formação do Pentateuco (cf. FANULI, 1993, pp. 11-35; SICRE, 1994, p. 79; PURY; RÖMER, 2002, pp. 15-85; ZENGER, 2003, pp. 81-88; SKA, 2003, pp. 111-177).

citado ou utilizado, por Moisés, como um meio para obter um favor divino (CHILDS, 2003, p. 319); a notícia sobre o cansaço de Moisés, como intercessor, para não divinizá-lo perante o povo; informações sobre as ações de Aarão e Hur, a fim de fundamentar suas futuras colaborações junto ao mediador, e, uma etiologia (CLEMENTS, 1971, p. 183; COATS, 1975, pp. 29-41), dados sobre o conflito perene entre Israel e Amalec, bem como sobre a origem do altar erguido como marco comemorativo do feito divino e seu significado incerto.

Há diversos problemas e enigmas em Ex 17,8-16: não há uma explicação para a presença dos amalecitas nessa região; não se percebe, com clareza, a posição de Moisés no alto da colina: usar o bastão ou ter as mãos erguidas; não há alusão a uma súplica do mediador ao Senhor; não é claro o sentido do nome dado ao altar; não se entende bem o sentido e a relação que se tentou estabelecer entre os dois últimos versículos (SCHÖKEL, 1997, p. 200). Pela posição estratégica no seu contexto, esse relato deve ser compreendido levando-se em consideração dois dados em particular: quem são os amalecitas e por que uma memória negativa, a respeito desse povo, foi estabelecida nessa etapa do êxodo rumo à Terra Prometida (ver comentário ao primeiro versículo).

Estrutura da narrativa

A trama narrativa tem um fio condutor que concede coesão e fluidez ao episódio. A situação inicial está devidamente apresentada: (a) ação: Amalec veio e moveu uma guerra contra Israel; (b) reação: Moisés convocou Josué para escolher e comandar os combatentes de Israel. Moisés, ao lado disso, deu a Josué um sinal incentivador para que não titubeasse diante dos riscos: do cume da colina, Moisés teria na mão o bastão de Deus, objeto operador dos prodígios salvíficos (cf. Ex 4,17).

Há, porém, um elemento complicador: uma possível derrota seria atribuída ao cansaço de Moisés e não à falta de perícia de Josué e dos seus combatentes. Essa complicação foi resolvida pela iniciativa de Aarão e Hur, que entraram em cena sabendo, devidamente, o que deveriam fazer para resolver a questão: tomaram atitudes solidárias e altruístas, bem condizentes com a hierarquia e com a fraqueza do líder intercessor. O narrador mostra que Aarão e Hur foram associados a Moisés, que necessitou de ajuda, para que Josué e seus combatentes alcançassem o efeito desejado: a vitória sobre Amalec.

O clímax, porém, ficou por conta de uma nova notícia dada pelo narrador, que fez o Senhor entrar em cena, somente após a vitória de Josué sobre Amalec, com uma nova ordem que dizia respeito a Josué: escrever em um livro o feito glorioso para que o próximo líder de Israel nunca se esquecesse dele. A vitória inicial tornou-se uma razão para que as futuras investidas bélicas de Josué, após passar o Jordão, fossem bem-sucedidas. O registro em um livro, valorizando Josué, antecipou, para o ouvinte-leitor, a eleição de Josué. Sobre o futuro sucessor de Moisés, então, recai o foco dessa narrativa, que teve, neste episódio, a sua primeira participação ao lado de Moisés, atuando como um general habilidoso e capaz de reunir homens sem experiência de guerra. O exército dos filhos de Israel foi formado a partir desse momento.

A fala divina, no final do episódio, outrossim, justificou uma nova atitude de Moisés, que tomara uma iniciativa, quanto à guerra, sem consultar o Senhor, o qual, por sua vez, aprovou o feito e concedeu vitória ao seu povo.[10] Um particular: não houve murmuração, mas obediência de Josué e dos combatentes por ele escolhidos à ordem de Moisés. A guerra contra Amalec despontou como o primeiro episódio participativo do povo recém-liberto do Egito na busca pela terra boa e fértil.

---

[10] Na antiguidade, não era costume iniciar uma guerra sem, antes, consultar a divindade (cf. 1Sm 14,37; 22,10; 23,2; 28,6; 30,8). Esta preocupação não aparece em Ex 17,2 porque a aliança entre o povo e o Senhor não tinha acontecido.

Ex 17,8-16 possui, então, uma estrutura muito lógica, como acenado antes no quiasmo, e que reflete a arte narrativa com os elementos que a compõem: personagens, local, situações, tempo, narrador.

a) **Personagens:** Amalec e seu povo, de um lado; Moisés e Israel, do outro, são os representantes étnicos em conflito. Com Moisés, encontram-se os seus colaboradores diretos: Josué, como encarregado dos homens capazes; Aarão, seu irmão, e Hur, que atuou como assistente, pela primeira vez, ao lado de Moisés.[11]

b) **Local:** o combate aconteceu em Rafidim, citado para lembrar os episódios da água que brotou da rocha, a vitória de Israel sobre Amalec e o deslocamento até o Monte Sinai.

c) **Situações:** uma guerra pela provável posse de um aquífero e não somente como um meio para evitar que Moisés e os libertos passassem pelo território; o cansaço de Moisés e as providências de Aarão e Hur.

d) **Tempo:** a batalha transcorreu durante um dia completo: do amanhecer ao anoitecer.

e) **Narrador:** toma conta das cenas, mas cede a fala três vezes na narração: a primeira, para Moisés dar a ordem para Josué (v. 9); a segunda, para o Senhor dar a ordem para Moisés (v. 14); e a terceira, para Moisés nomear um altar e justificar por que a mão do Senhor estendeu-se, "definitivamente", contra Amalec (v. 15.16).

Desse modo, os versículos 8-10 apresentam o problema e seu enfrentamento: Amalec *versus* Josué ou "o inimigo *versus* Israel"; os

---

[11] Hur será, novamente, mencionado em Ex 24,14; dessa vez, não acompanhou Moisés e Josué ao cimo do Sinai, mas permaneceu com Aarão no acampamento para cuidar do povo. Ele era da tribo de Judá (cf. Ex 31,2). 1Cr 2,19-20.50 contém a genealogia de Hur. Era um nome comum. Nm 31,8 menciona outro Hur que foi um dos cinco reis de Madiã, exterminados juntamente com Balaão, filho de Peor, que abençoou Israel ao invés de amaldiçoá-lo. Estes reis são ainda citados em Js 13,21, que fez memória da vitória de Israel sobre eles. Segundo o historiador judeu Flávio Josefo, Hur teria sido o cunhado de Moisés, casado com a sua irmã Maria (cf. *Antiguidades judaicas*, III, 54.2,4).

versículos 11-12 apresentam o elemento complicador e a solução: o cansaço do mediador sanado pela improvisação de Aarão e Hur; o versículo 13 apresenta o desfecho: a vitória de Josué sobre Amalec; os versículos 14-16 apresentam elementos complementares de razão etimológica e etiológica, justificando a edificação e o nome de um altar em honra do Senhor, fundamentando que a oposição em relação aos amalecitas veio do Senhor e não de Israel.

Tradução e paralelos

Ex 17,1
Ex 14,8.16

17 [8] Então, Amalec veio e fez guerra com Israel em Rafidim. [9] Por isso, Moisés disse para Josué: "Escolhe para nós uns homens e sai, guerreia contra Amalec. Amanhã, eu permanecerei sobre o topo da colina com o bastão de Deus na minha mão". [10] Josué fez exatamente como Moisés lhe tinha dito, para guerrear contra Amalec; enquanto Moisés, Aarão e Hur subiram ao topo da colina. [11] E aconteceu que, enquanto Moisés tinha sua mão erguida, predominava Israel; mas quando abaixava a sua mão, predominava Amalec. [12] Isso porque as mãos de Moisés estavam pesadas. Então, tomaram uma pedra e colocaram debaixo dele e ele sentou-se sobre ela. Aarão e Hur, porém, sustentaram as suas mãos, um de cada lado; e ficaram firmes as mãos dele até o cair do sol. [13] Josué subjugou Amalec e seu povo ao fio da espada. [14] Então, o Senhor disse a Moisés: "Escreve este memorial no livro, e declara aos ouvidos de Josué que, certamente, eu aniquilarei a lembrança de Amalec sob os céus". [15] Moisés ergueu um altar e proclamou seu nome: "O Senhor é meu estandarte". [16] E explicou: "Porque uma mão está sobre o trono do Senhor, guerra para o Senhor contra Amalec de geração em geração".

Dt 32,41

Dt 25,17-19

1Sm 15,1-34

Comentários

17 [8] Então, Amalec[a] veio e fez guerra com Israel em Rafidim.

[a] Amalec, que significa "povo pecador" (MATTINGLY, 1992, pp. 169-171), aparece citado sete vezes em Ex 17,6-16. Amalec e os

amalecitas são citados de Gênesis a Samuel, com exceção de Levítico, de Primeiro Crônicas e de Salmos (uma única vez). No total, são trinta e nove citações (MANDELKERN, 1975, p. 1.496). Na maioria dessas citações, os amalecitas são tratados como uma etnia hostil a Israel que devia ser exterminada. Com Saul e Davi, os amalecitas foram, finalmente, subjugados por Israel (cf. 1Sm 15; 27,8; 31,1-3).

Amalec é mencionado na Torá como nome próprio, pois era neto de Esaú e filho de Elifaz, gerado de uma concubina, Timna (cf. Gn 36,12.16). Tornou-se, provavelmente, o líder dos que descendiam da tribo de Esaú (cf. Gn 36,15). Desse modo, Amalec e os amalecitas eram parentes distantes dos israelitas, pois seriam "sobrinhos" de Jacó.

Segundo alguns textos (cf. Nm 13,29; 14,25.43.45), os amalecitas eram nômades e habitavam o território ao sul da península do Sinai (CLEMENTS, 1971, p. 183; CHILDS, 2003, p. 318). Houve quem defendesse que a localidade ficava ao norte do Sinai e próximo a Qadesh, visto que Moisés se dirigiu com o povo para um monte específico (MICHAELI, 1974, p. 152). Edomitas, amonitas, amalecitas, moabitas e madianitas ocuparam a região em torno do Mar Morto e todos se confrontaram com os israelitas.

Se, por um lado, os amalecitas fizeram guerra contra o povo eleito, incitando a decisão de Moisés em combatê-los, por outro lado, Jetro, um madianita, veio ao encontro de Moisés e obteve, sobre ele, uma grande influência e respeito, pois, por vínculo matrimonial, o líder dos filhos de Israel estava unido aos madianitas. Isto criou, na narrativa, um contraste entre as atitudes de Amalec e as atitudes de Jetro (FISCHER-MARKL, 2009, pp. 195-196), mas nem por isso um dos descendentes de Moisés, com Séfora, obteve privilégios entre os filhos de Israel.

Os dois episódios, portanto, buscam justificar as atitudes de Moisés no que diz respeito aos "parentes distantes". Com os amalecitas, de forma negativa, porque não reconheceram os feitos do Senhor, Deus de Israel, a favor do seu povo (cf. Ex 17,8-16). Com os madianitas, inicialmente, de forma positiva, porque, por Jetro, reconheceram e louvaram as ações do Senhor a favor de Moisés e do seu povo (cf. Ex 18,1-27). Este reconhecimento culminou não em uma guerra mas sim em um sacrifício de comunhão entre Israel e os madianitas, visto que Jetro era sacerdote de Madiã (cf. Ex 3,1; 18,12).

As relações de oposição, com os amalecitas, e a cooperação, com os madianitas, ficaram devidamente estabelecidas na tradição bíblica. Houve, porém, um embate contra Madiã, devido à sedução e à prostituição dos filhos de Israel. Estes sacrificaram aos deuses madianitas, influenciados por suas mulheres. Pela Torá, os problemas com os matrimônios mistos iniciaram desse modo. O pecado foi punido pelas mãos de Fineias, filho de Eleazar, filho de Aarão (cf. Nm 25,1-18). Uma nova guerra contra Madiã foi executada, segundo as ordens do Senhor, por Moisés (cf. Nm 25,16-18; 30;1-54). As relações desses dois episódios serão apresentadas no comentário ao texto de Ex 18.

Há, na tradição bíblica, igualmente, uma memória negativa sobre Amalec e o seu povo. Dt 25,17-19 é um texto paralelo a Ex 17,8-16 e recorda o feito, apontando a atitude malvada de Amalec, que atacou os israelitas pela retaguarda, buscando se beneficiar das condições desfavoráveis do povo saído do Egito, em marcha pelo deserto, e sofrendo com a falta de água e de comida (Ex 15,22–17,7).

A vitória sobre Amalec, no contexto do livro do Êxodo, foi um ato de coragem, resultado da obediência de Josué a Moisés, e uma resposta divina ao servo que decidiu enfrentar a maldade dos amalecitas, que se aproveitaram da situação de penúria do povo eleito (cf. Nm 24,20).

Ao lado de Amalec, Seon, rei dos amorreus (cf. Nm 21,21-26), e Og, rei de Basã (cf. Nm 21,33-35), foram, igualmente, exterminados por se colocarem em oposição a Israel. Os seus territórios foram dados ao povo eleito (cf. Dt 2,26–3,11). Essa lembrança apareceu nos lábios da prostituta Raab, diante dos espiões enviados por Josué a

Jericó (cf. Js 2,10). A ideia subjacente aos textos aponta para um dado de fé: quem ficou do lado de Israel saiu favorecido, mas quem lhe fez oposição saiu derrotado, porque estava lutando contra o seu Deus libertador.

Ex 17,8-16, então, busca justificar e dar uma razão para o fato de a memória de Amalec ter sido apagada dentre os povos com os quais Israel se debateu em sua marcha rumo à Terra Prometida. Essa vitória foi o prenúncio de outras vitórias, um feito que ficaria vivo na memória de um povo envolvido com aqueles que lutavam pela posse dos mesmos territórios.

As notícias narradas são pontuais e sem apresentar um real motivo para a investida de Amalec contra os filhos de Israel. Todavia, ao que tudo indica, o narrador pretendeu mostrar que Amalec e o seu povo não se deixaram intimidar pelos feitos do Senhor, quer dizer, não temeram sua ação libertadora (cf. Ex 15,14-16). Amalec e o seu povo assumiram uma postura de oposição a Moisés e aos libertos, mas, no fundo, estavam se opondo aos planos do Senhor. A intenção foi a de mostrar que houve uma nova situação de morte, um novo obstáculo, após a sede e a fome, que se colocava na trajetória dos israelitas rumo ao Monte Sinai, nessa primeira fase da marcha rumo à entrada na Terra Prometida.

Por isso, Moisés disse para Josué:[b] "Escolhe para nós[c] uns homens[d] e v. 9 sai,[e] guerreia contra Amalec. Amanhã,[f] eu permanecerei sobre o topo da colina com o bastão[g] de Deus na minha mão".[h]

[b] O nome Josué significa *o Senhor é salvação*. Josué chamava-se Oseias e teve o seu nome mudado por Moisés (cf. Nm 13,16), justificando a sua influência e domínio sobre Josué, que era filho de Nun (cf. Ex 33,11; Nm 11,28; Dt 1,38; 32,44; Js 1,1), da tribo de Efraim (cf. Nm 13,8), e teve um papel importante durante a travessia do deserto. Josué, após cumprir as ordens de Moisés, acompanhou-o ao Sinai (cf. Ex 24,13; 32,17). Josué foi escolhido como representante de sua tribo na expedição de reconhecimento

da terra de Canaã (cf. Nm 13,8; 14,38), e defendeu a possibilidade da conquista da terra, incutindo esperança ao povo, exortando-o à confiança no Senhor. Teve, por isso, o privilégio de entrar na terra de Canaã como líder do povo (cf. Nm 14,30.38; 26,65; 32,12).

A primeira guerra, após a saída do Egito, testemunhou a incapacidade de Moisés ir, ele mesmo, para o campo de batalha. Moisés é o homem do bastão, é o pastor, e não o homem da espada, isto é, um general. A defesa adiante da ofensiva de Amalec foi encomendada a Josué e pelos homens escolhidos, nos moldes do êxodo do Egito.

c A LXX, a Siríaca e alguns manuscritos do Targum, em vez da preposição com o sufixo de primeira comum plural, *para nós*, trazem a preposição com o sufixo de segunda masculino singular, *para ti*, dando a entender que Josué escolheria os homens de acordo com seu critério pessoal. É uma mudança pouco condizente com o contexto, pois Moisés ao dizer *para nós* ou *por nós*, ao mesmo tempo em que dava crédito aos critérios de escolha de Josué, envolvia todos os interessados nessa escolha: ele, o povo e o Senhor.

d A LXX, considerada original ou de primeira mão, traz *homens virtuosos* (ἄνδρας δυνατοὺς), conformando-se, mais de perto, ao texto de Ex 18,21.25, mostrando que os homens escolhidos por Josué eram aptos para a guerra, e os escolhidos por Moisés eram aptos para julgar com justiça. Cria-se um elo entre os episódios.

e A ordem dada a Josué, *e sai* (וְצֵא imperativo singular de יָצָא), cria um vínculo com o evento do êxodo (SCHÖKEL, 1997, pp. 51-54). Esta guerra e o seu resultado se tornariam determinantes para as futuras batalhas que aconteceriam durante os quarenta anos de peregrinação pelo deserto e, principalmente, depois que o comando do povo passasse das mãos de Moisés para as mãos Josué, que enfrentou os habitantes de Canaã. O livro de Josué retrata as suas batalhas pela posse da Terra Prometida.

f A LXX uniu o advérbio de tempo, *amanhã*, à ordem de Moisés para Josué: *e sai para guerrear contra Amalec amanhã*. Ao lado disso, a LXX acrescentou, bem como a versão Siríaca, uma interjeição, *e veja* (καὶ ἰδοὺ), criando o sentido de simultaneidade entre as ações de Josué e Moisés: enquanto um estaria no campo de combate (baixo) o outro estaria combatendo pela intercessão na colina (alto).

g O bastão que Moisés tinha na mão, desde o encontro com o Senhor no Sinai (cf. Ex 4,2-5), foi usado para realizar os prodígios no Egito, diante do Faraó; para abrir e fechar o Mar dos Juncos (cf. Ex 14,8.16.26) e para fender a rocha da qual brotou água para saciar a sede do povo (cf. Ex 17,1-7). Em Ex 17,8-16, o bastão foi novamente usado para obter a vitória sobre o inimigo. Esta, porém, foi a última vez que Moisés usou o bastão para operar um prodígio em favor do povo eleito.

A referência ao bastão na mão de Moisés, nesse episódio, parece uma notícia forçada, porque o bastão não teve nenhuma função específica. Do contrário, que sentido faria dizer que Aarão e Hur buscaram sustentar as mãos (braços?) de Moisés, que ficaram pesadas por estarem estendidas? O sentido seria teológico ou para encorajar Josué a não temer a guerra.

A informação sobre o último uso do bastão é pedagógica, pois mostra, para o ouvinte-leitor, a dificuldade que Moisés teve para afastar o povo de uma concepção do Senhor baseada somente em milagres e sinais prodigiosos (cf. CLEMENTS, 1971, p. 184; GRYLAK, 1998, p. 83). O bastão de Moisés cedeu lugar ao bastão de Aarão, que foi, inclusive, guardado na arca da aliança (cf. Ex 7,2; Nm 17,23-25; Hb 9,4). Ter o bastão na mão tornou-se símbolo de chefia e autoridade, principalmente após a divisão do território entre as tribos (cf. Dt 33,21; Jz 5,14). O termo מַטֶּה, que significa, ao mesmo tempo, bastão e tribo, posteriormente, seria um forte indicador sociológico, presente nas listas sobre as tribos contidas no livro dos Números (SIMIAN-YOFRE, 2004, pp. 1.110-1.111).

h Moisés, não recuando diante de Amalec, mas colocando Josué e os homens por ele escolhidos no campo de batalha, estava dando uma prova de sua confiança na presença e na ação libertadora do Senhor, que cumpriu a sua palavra, apesar das dificuldades, livrando do Egito, dando água e saciando a fome dos libertos.

Todavia, pela sequência narrativa, pode-se pensar que a obediência de Josué e a intercessão de Moisés visavam responder à dúvida que concluiu o episódio da água saída da rocha (cf. Ex 17,7). Moisés, com sua determinação, queria afirmar que o Senhor não só livra do inimigo mas também é o único que pode garantir a vida onde ela, humanamente dizendo, não poderia ser garantida por ninguém: o deserto com seus perigos.

v. 10 Josué fez exatamente como Moisés lhe tinha dito, para guerrear[i] contra Amalec; enquanto Moisés, Aarão e Hur subiram ao topo da colina.[j]

[i] O Texto Massorético traz um nifal infinito constructal, e faz bastante sentido, pois a fala é do narrador, ao passo que, no versículo 8, o mesmo verbo está no imperativo, porque Moisés é quem fala para Josué. A LXX, considerada original ou de primeira mão, tem um texto mais fluido, colocando o primeiro verbo no particípio e o segundo na terceira pessoa do singular: *e, saindo, dispôs o exército contra Amalec* (καὶ ἐξελθὼν παρετάξατο τῷ Αμαληκ).

[j] O versículo 10 repete, praticamente, a fala de Moisés para Josué. O narrador serve-se da repetição para indicar a realização do combinado e a execução da ordem recebida. É um modo antigo de acentuar e de confirmar a palavra dada, isto é, de fato tudo aconteceu como fora combinado. Josué e Moisés encontravam-se, geograficamente, em posições opostas: o primeiro na planície e o segundo no alto de uma colina, de onde poderia acompanhar a perícia de Josué no campo de batalha, mas, em tese, um poderia ver o outro.

É preciso notar que o narrador não fez nenhuma referência ao restante do povo. Pelo texto, temos, somente, as lideranças e alguns homens escolhidos por Josué para enfrentar Amalec. Pode-se imaginar que o restante do povo procurou se refugiar ou continuou sua marcha. Associando as notícias de Ex 17,8-16 com as notícias de Dt 25,17-19, temos um movimento: o ataque teve início contra os que, muito provavelmente, ficaram para trás: anciãos, crianças e os mais fracos. Josué e os seus homens foram socorrer os mais necessitados, enquanto os demais seguiam em frente. Moisés, pela sua posição no alto da colina, se interpôs entre os dois grupos. Não é possível imaginar, cabalmente, como se deu o confronto com base em tão poucas informações.

E aconteceu[k] que, enquanto Moisés tinha sua mão[l] erguida, predominava Israel; mas quando abaixava a sua mão, predominava Amalec.[m] v. 11

[k] O verbo que prossegue a narrativa e introduz o elemento complicador (וְהָיָה), pelo contexto, pouco tem a ver com a promessa que Moisés fez para Josué e que dizia respeito ao uso do bastão. O narrador afirma que a vitória estava sendo alternada, entre Josué e Amalec, devido à postura das mãos de Moisés no alto da colina. Assim, a vitória ficou por conta da postura de Moisés na direção do local do conflito e não por conta da perícia ou estratégia utilizada por Josué. A respeito da estratégia, nada se diz na narração. A obediência de Josué à ordem de Moisés e a mediação deste, durante um dia inteiro, são os elementos que alcançaram a vitória dada pelo Senhor, que ficou contra Amalec, por causa de sua maldade.

[l] O Pentateuco Samaritano e as versões usam o plural, *mãos*, enquanto o Texto Massorético traz no singular, dando a entender que o bastão estaria em uma das mãos de Moisés. Disso resulta que algumas traduções tenham optado por *braços* em vez de mãos.

[m] O primeiro objetivo do povo em marcha pelo deserto, após sua saída do Egito, era ter um encontro pessoal com o Senhor no Monte Sinai. O Senhor, que esteve com Moisés e Aarão nas façanhas realizadas no Egito, caminha com o seu povo, continua presente e agindo a seu favor, para que os libertos comparecessem diante dele no Monte Sinai. O obstáculo da guerra, somado às murmurações pela falta de água e comida, serviram para criar uma atmosfera capaz de mostrar a postura hostil do povo diante dos novos rumos

que deveria tomar para assumir sua nova condição de liberdade. Ser livre não significava estar isento de situações adversas, mas significava receber um dom que deveria ser preservado e defendido com habilidade e total confiança no Senhor.

v. 12 Isso porque as mãos de Moisés estavam pesadas.[n] Então, tomaram uma pedra e colocaram debaixo dele e ele sentou-se sobre ela.[o] Aarão e Hur, porém, sustentaram as suas mãos, um de cada lado;[p] e ficaram firmes as mãos dele[q] até o cair do sol.

[n] A participação de Moisés, como intercessor, do alto da colina pode ser vista como uma forma de oração (cf. Sl 134,2). Ter o bastão erguido, talvez com um estandarte atado à ponta, servia para sustentar Josué no campo de batalha. De outra feita, para afastar o flagelo da morte, após a confissão do erro cometido contra Moisés e o Senhor, a serpente abrasadora foi erguida no deserto (cf. Nm 21,4-9). Mais tarde, Josué ergueu a sua lança para vencer os habitantes da cidade de Hai (cf. Js 8,18-19).

O tema da mediação é importante nesse episódio, pois o Senhor concedeu a vitória sobre Amalec utilizando-se das mãos de Moisés e da obediência de Josué, o qual fez, exatamente, como lhe tinha sido ordenado. Pela mão de Moisés (בְּיַד־מֹשֶׁה), o Senhor não realizou somente atos extraordinários, mas falou (cf. Ex 9,35; Nm 17,5; 27,23), deu ordens (cf. Ex 35,29; Nm 15,23) e distribuiu tarefas (cf. Nm 4,37.45.49; 9,23; 10,13).

A postura de Moisés tinha a ver com seu esforço, mas, acima de tudo, com sua plena confiança no auxílio divino.

[o] O elemento complicador teve um desfecho favorável graças à atitude inovadora dos assessores, Aarão e Hur, que, ao colocarem uma pedra sob Moisés, realizaram um gesto muito próximo ao de um sacrifício. Nesse caso, pode-se ver Moisés como "vítima", sendo "sacrificado" para que o povo obtivesse a vitória no campo de batalha.

ᵖ O ouvinte-leitor deve se imaginar no lugar de Moisés: quem conseguiria permanecer, sozinho, por um dia inteiro, com as suas mãos levantadas? Sem dúvida, a situação era crítica. A saída veio da sensibilidade de Aarão e Hur, que perceberam o cansaço de Moisés, mas, também, perceberam que o êxito de Josué, no campo de batalha, dependia das mãos erguidas de Moisés. Um dado relevante pode ser atestado: nenhuma oração de súplica por Josué e os seus combatentes foi feita por Moisés ou pelos que estavam com ele. A ênfase recaiu sobre o gesto intercessor de Moisés voltado para o campo de batalha.

Se, por um lado, o narrador quis afirmar que a vitória vem do Senhor, quis, por outro, que a participação humana nessa vitória fosse devidamente apresentada. O Senhor concedeu a vitória a Moisés, a Josué e a seus homens, a Aarão e a Hur, porque eles não recuaram mas sim souberam usar os meios necessários para que o Senhor lhes desse a vitória. O principal foi a confiança de Josué no poder do Senhor atuando em Moisés, coadjuvado por Aarão e Hur. O esforço de três pessoas, somado à confiança de Josué e dos homens escolhidos, apoiados no poder do Senhor, venceu um inimigo mais capaz, superior e conhecedor do deserto (FISCHER; MARKL, 2009, p. 196).

A mesma pedra pode ter sido usada para a edificação do altar, sobre o qual Moisés proclamou um nome: *O Senhor é meu estandarte* (v. 15). Este gesto intercessor de Moisés, tendo Aarão e Hur ao seu lado, preparava a futura instituição do sacerdócio aronita. Ter as mãos erguidas enfatizava e invocava o poder do céu sobre a terra, a favor dos mais fracos, para que os fortes injustos não triunfassem. Todavia, de que adiantariam as mãos levantadas sem Josué e seus escolhidos no campo de batalha? Os meios necessários, sem a oração, são uma presunção; mas a oração, sem os meios necessários, é uma deturpação do poder de Deus.

ᑫ Literalmente: *as mãos dele (ficaram) firme*; um erro de concordância. Várias versões corrigem o singular para o plural, *as mãos dele (ficaram) firmes*, um detalhe que, em si, não modifica o sentido do texto.

v. 13 Josué subjugou Amalec e seu povo[r] ao fio da espada.[s]

[r] O significado primário da raiz חלש é "derrotar", "vencer" ou "debilitar" (SCHÖKEL, 1997, p. 227). Com esse sentido, a vitória de Josué sobre Amalec não foi uma total eliminação, do contrário não faria sentido dizer que o Senhor se declarou contra Amalec de geração em geração, dando a entender que a hostilidade perdurou. A expressão *seu povo* indica os amalecitas. O Pentateuco Samaritano acrescenta mais um verbo: *e feriu* (וַיַּכֵּם). A forma *e feriu ao fio de espada* (וַיַּכֵּם לְפִי־חָרֶב) encontra-se em Js 11,12.

[s] Uma derrota do povo eleito, na primeira guerra após a saída do Egito, comprometeria, completamente, o objetivo da marcha: chegar ao Sinai. Assim, a presença e a ação eficaz do Senhor, no meio do seu povo, foram novamente percebidas na vitória sobre Amalec e seu exército. É uma vitória que renovou o feito sobre o Faraó e seu exército no Mar dos Juncos. Com isso, o Senhor concedeu a vitória em meio às águas e em meio ao deserto. Ficou latente que, como fora o Senhor a vencer o Faraó, a guerra não era entre os amalecitas e os israelitas, mas entre Amalec e o Senhor, que é Salvação, atuando em seu representante: Josué.

A notícia dada foi a que interessava ao narrador para convencer o ouvinte-leitor sobre o resultado da guerra e sem delongas: Amalec foi vencido e, por conseguinte, o Senhor concedeu a vitória a Josué pela intercessão de Moisés. Nada se disse sobre o campo de batalha ou como Josué organizou os homens que convocou para a guerra. As notícias foram simplesmente ditas segundo uma lógica: Josué vencia quando Moisés tinha as mãos levantadas, ou Amalec vencia quando Moisés tinha as mãos abaixadas (cf. v. 11), e que o combate durou um dia inteiro (v. 12).

Ao dizer que Josué subjugou Amalec e seu povo ao fio de espada, afirma-se que Josué infligiu-lhe uma grande derrota, conseguindo impedir que o plano daquele obtivesse sucesso. A expressão *ao fio da espada* revela a arma utilizada na guerra contra Amalec, mas cria um problema circunstancial: os israelitas, que saíram do Egito, não eram portadores de espadas, mas eles, enquanto lá estavam, temeram ser aniquilados pela espada (cf. Ex 5,21; 15,9). Pode-se entender a expressão *ao fio da espada* como idiomática e metafórica, isto é, um modo de afirmar que a derrota foi imposta a Amalec e a seu povo.

Todavia, parece que se está jogando com a ambiguidade terminológica. De fato, a força recai sobre a raiz חרב, que origina o termo *hareb*, "espada", mas origina, igualmente, o *Horeb*, local do encontro de Moisés com o Senhor (cf. Ex 3,1), e para o qual ele estava conduzindo o povo pelo deserto (cf. Ex 3,12). Nesse sentido, a expressão *ao fio de espada* evocava a realização da vocação e da missão de Moisés: livrar e conduzir o povo ao monte do Senhor, que o chamou, o comissionou e lhe concedeu a vitória contra o Faraó e os egípcios, e, por Josué, contra Amalec e seu povo.

Esta ambiguidade terminológica tem a ver, também, com a posição do Senhor, enquanto Moisés golpeava a rocha para dar de beber ao povo murmurante: *Eis que sou eu quem fica de pé ali, à tua frente, sobre o rochedo do Horeb* (Ex 17,6). Assim como Moisés golpeou a rocha, ferindo-a para que a água saciasse a sede do povo, Josué golpeou Amalec e seu povo, ferindo-os pela espada (חֶרֶב), para que os libertos pudessem ter acesso à água até o momento de levantar acampamento e chegar ao Monte Horeb (חֹרֵב).

Então, o Senhor disse a Moisés:ᵗ "Escreve este memorial no livro,ᵘ e declara aos ouvidos de Josué que, certamente, eu aniquilarei a lembrança de Amalec sob os céus".ᵛ v. 14

ᵗ O narrador retorna ao esquema comum: o Senhor fala a Moisés o que ele deve transmitir ao povo ou a uma pessoa em particular, nesse caso a Josué. A ordem dada pelo Senhor e executada por Moisés teve duplo objetivo. Por um lado, o feito tornou-se um memorial escrito na história dos que marchavam pelo deserto, em condições desfavoráveis. Por outro lado, a razão dessa ordem foi em função de Josué, para que ele não se ensoberbecesse em sua primeira campanha bélica bem-sucedida. Este versículo serve, por assim dizer, para fundamentar e orientar toda a vida de dedicação e serviço de Josué ao Senhor, até que ele se tornasse o sucessor de Moisés (cf. Dt 34,9; Js 1,2).

u Uma notícia importante é dada para o ouvinte-leitor, pois aparece, pela primeira vez, na Bíblia hebraica, uma ordem explícita para que se faça um registro escrito de um feito bélico. A referência ao registro, em um livro, antecede, anacronicamente, ao Decálogo que foi escrito em pedra (cf. Ex 24,12). A menção de um evento registrado, posto por escrito, possuía, na antiguidade, o significado e a força de perenidade. Não seria impróprio perceber o primeiro gérmen do Pentateuco nessa notícia (GARCÍA LOPEZ, 2004, p. 146).

No Pentateuco, são poucas as passagens em que se encontra uma ordem do Senhor para que algo seja colocado por escrito. Os escritos, explícitos, atribuídos à mão de Moisés são: a vitória sobre Amalec (cf. Ex 17,14), o registro das etapas da peregrinação pelo deserto (cf. Nm 33,2), o Código da Aliança (cf. Ex 24,4), o Decálogo cultual (cf. Ex 34,27) e o discurso histórico-legislativo (cf. Dt 31,9.22.24-26). Da notícia contida em Ex 17,14, teve origem a tradição judaico-cristã que atribuiu a Moisés a autoria da Torá.

v Há um jogo terminológico no versículo 14, para acentuar, por um lado, o desejo de que a *memória* da vitória seja preservada (זִכָּרוֹן) e, por outro, a ordem de que a *memória*, isto é, a existência de Amalec, seja cancelada (זֵכֶר).

O narrador, ao conceder a fala ao Senhor, que disse: *certamente, eu aniquilarei a lembrança de Amalec sob os céus*, queria incutir uma mensagem, para cada ouvinte-leitor, através do seu primeiro destinatário: Josué. O primeiro combatente dos exércitos de Israel deveria aprender que o destino dos povos pertence ao Senhor e, por ele, de cada pessoa do povo eleito. Se isso for levado em conta, pode-se entender a preocupação de Josué que, antes de morrer, colocou os critérios para renovar a aliança com o povo (cf. Js 24).

A vitória sobre Amalec, com a consequente aniquilação de sua memória, tornou-se um paradigma para todas as batalhas de Israel contra seus inimigos e objetivava dizer que a sorte do povo eleito dependeria de sua conduta em relação ao Senhor; em última análise dependeriam da obediência ou da desobediência ao Senhor. A vitória de Josué sobre Amalec, então, foi fruto da vontade do Senhor, que dele exigiu a obediência à voz de Moisés: *Escolhe para nós uns homens e sai, guerreia contra Amalec* (v. 9); *Josué fez exatamente como Moisés lhe tinha dito, para guerrear contra Amalec* (v. 10). Fica, assim, estabelecida a mensagem: a vitória do povo eleito sobre seus futuros inimigos dependerá, impreterivelmente, de sua obediência à voz do Senhor através de Moisés, isto é, através da Torá.

Ao assumir a liderança, no lugar de Moisés, Josué foi confirmado na sua missão, com palavras de grande alento: *Ninguém te poderá resistir por todos os dias de tua vida; como estive com Moisés, do mesmo modo eu estarei contigo; não te deixarei nem te abandonarei [...]. Somente sê forte e muito corajoso, buscando agir segundo toda a lei que te prescreveu Moisés, meu servo. Não te desvies dela nem para a direita nem para a esquerda, a fim de que tenhas êxito em qualquer projeto teu* (Js 1,5.7).

v. 15 Moisés[w] ergueu um altar[x] e proclamou seu nome: "O Senhor é meu estandarte".[y]

[w] A figura de Josué, nos versículos 15-16, cedeu lugar para Moisés, que reocupou a centralidade no final do episódio. O ouvinte-leitor tem sua atenção redirecionada para o líder dos libertos do Egito. No alto da colina, Moisés viu o desenvolvimento da guerra, mas era, também, visível por Josué, pelos homens escolhidos e pelos inimigos. Moisés estava do lado de Josué e de seu exército, e dominava a cena, como intercessor, mas ele não decidiu a guerra; ele

apareceu, somente, como um instrumento frágil e necessitado da ajuda de Aarão e Hur.

A grandeza de Moisés provinha, sobretudo, de seu encontro com o Senhor, que o chamou e o comissionou, obtendo uma vitória sobre ele, pois o convenceu de seus planos no episódio da Sarça Ardente (cf. Ex 3,1-4,18). Após a saída do Egito e a vitória sobre os perseguidores, Moisés assumiu a condução do povo com a certeza de que o Senhor era o seu protetor diante de qualquer ameaça, pois o objetivo a ser atingido era a Terra Prometida, com uma parada essencial no Monte Sinai, local onde deveria oferecer um sacrifício ao Deus libertador dos hebreus.

ˣ A LXX, considerada original ou de primeira mão, acrescenta o objeto indireto: *para o Senhor* (κυρίῳ).

A vitória sobre Amalec foi celebrada com um marco: a construção de um altar, para testemunhar o feito do Senhor (VOGELS, 2003, p. 176), e para atestar e orientar a fé dos que depositaram sua confiança na ação divina (FISCHER; MARKL, 2009, p. 198). Em vários textos da Bíblia hebraica, a construção de um altar marcou uma particular experiência humana, denotando a relação que se estabeleceu com Deus (cf. Gn 21,33; 33,20; 35,7; Jz 6,24; 2Sm 24,18-25). Esses episódios serviram de base para a principal construção religiosa no meio do povo eleito: o templo de Jerusalém, sobre o qual o Senhor colocaria o seu nome.

O altar tem um significado fundamental, pois sobre ele se exerce o culto de relação com Deus. A rocha sobre a qual Moisés se sentou tornou-se, provavelmente, esse altar (CLEMENTS, 1971, p. 185). A expressão *YHWH-nissî*, que traduzimos por: *o Senhor é meu estandarte*, pode ter um sentido metafórico, indicando a presença e a proteção do Senhor no tocante ao seu povo. A mesma ideia encontra-se em Is 49,22.

ʸ Desde o início do livro do Êxodo, Moisés, apesar de ser uma figura carismática, apareceu envolvido em problemas, conflitos e fugindo da morte. Ele nasceu sem o direito de viver (cf. Ex 1,15-16.22; 2,1-3), mas foi agraciado e protegido pelas mulheres (mãe, irmã e a filha do Faraó, cf. Ex 2,4-10); descobriu o ímpeto pela justiça e procurou promovê-la entre os irmãos de raça, mas não foi acolhido (cf. Ex 2,11-14), e teve que fugir do Egito para se salvar (cf. Ex 2,15), mas encontrou refúgio na tenda de Jetro, que lhe deu sua filha Séfora, e se tornou o responsável pelo rebanho de seu sogro (cf. Ex 2,16-22; 3,1). Todos esses episódios foram preliminares para o momento da vocação e missão de Moisés a favor dos israelitas (cf. Ex 3,7-12).

E explicou: "Porque uma mão está sobre o trono do Senhor,[z] guerra para o Senhor contra Amalec de geração em geração".[aa] [v. 16]

[z] O Pentateuco Samaritano e a versão Siríaca trazem a forma habitual para "trono" כִּסֵּא ou כִּסֵּה, usando, aqui, somente כֵּס. A LXX leu כְּסָיָה como κρυφαίᾳ, obtendo outro sentido com as mesmas consoantes, *porque com mão escondida* (ὅτι ἐν χειρὶ κρυφαίᾳ) *combateu o Senhor contra Amalec de geração em geração*. A posição que se assume diante desse problema afetará a decisão sobre o próximo problema textual.

O sentido para a expressão *Porque uma mão está sobre (contra) o trono do Senhor* tem a ver com Amalec, por ter querido usurpar um bem concedido ao povo em marcha pelo deserto: a água que brotou da rocha.

[aa] Outra tradução possível seria: *Porque uma mão se levantou contra o trono do Senhor, guerra terá o Senhor contra Amalec de geração em geração*. As opiniões diferem no que diz respeito ao sujeito que levanta a mão: o Senhor, Moisés ou Amalec? Outra alternativa seria: *a mão sobre a bandeira de YHWH*, como um grito emitido por Moisés para animar o povo diante dos novos desafios que poderiam surgir durante a marcha pelo deserto (CHILDS, 2003, pp. 317-318). A expressão, porém, tem um objetivo claro: o Senhor coloca-se em batalha contra todos os que assumirem uma postura como a

de Amalec, mas coloca-se do lado e a favor de todos os que tiverem uma postura como a de Moisés e de seus ajudantes (FISCHER; MARKL, 2009, p. 199). Ex 17,16 evoca Ex 3,15.

A notícia sobre a oposição do Senhor com relação a Amalec foi dita, novamente, mas com um dado novo: é uma oposição perene, pois, enquanto um descendente de Amalec existir, haverá guerra do Senhor contra Amalec. Desse modo, Amalec foi excluído da bênção em Abraão (cf. Gn 12,1-3).

A estrutura literária do texto apareceu justificada: começou falando da oposição de Amalec a Israel e terminou falando da oposição do Senhor a Amalec. Tem-se, assim, uma moldura do episódio.

Atualização pastoral

O povo que saiu do Egito tornou-se peregrino: somos peregrinos!

A libertação da opressão tem um preço: o povo liberto, que enfrenta os primeiros obstáculos, descobre-se na direção certa, seguindo as "pegadas" que levam a encontrar-se com o seu Deus. Esta experiência contou com os passos já efetuados pelo seu condutor e mediador. O ouvinte-leitor tem, diante dos olhos, a figura e a função de Moisés: um instrumento nas mãos do Senhor, que o chamou e o comissionou duplamente: tirar o povo do Egito para conduzi-lo ao monte santo.

A vitória sobre o primeiro inimigo declarado, Amalec, tornou-se um episódio marcante na história desse povo em marcha e que começou uma nova etapa na sua existência, para não dizer uma nova história fora do Egito. O narrador pretendeu exaltar não a figura de Moisés mas sim a figura do Senhor, que o povo ainda não conhecia por experiência, mas só Moisés, que sentia o peso da missão. Os israelitas ainda não sabiam como conviver com a presença e a companhia "terrível" do Senhor, que os libertou. Moisés desponta, nesse episódio, como um líder que experimentou o cansaço, que procurou e aceitou ajuda, mas que, apesar das adversidades, permaneceu fiel às ordens que recebeu e às promessas que fez ao povo em nome do Senhor.

A cada etapa percorrida no deserto, a cada queda ou vitória alcançada, o povo foi descobrindo a identidade do seu Deus e, com isso, foi descobrindo a sua própria identidade de povo liberto. A liberdade dada pelo Senhor, como dom, foi sendo assumida como compromisso e empenho comunitário. Foi preciso que o povo aprendesse a ser livre e a se manter livre caminhando com o seu Deus. Eis os exemplos: Josué não venceu sozinho, mas com os homens que escolheu. Moisés não conseguiu interceder sozinho, mas com Aarão e Hur ao seu lado.

Se, por um lado, o poder de Deus foi sendo manifestado em cada situação de perigo, por outro, o povo teve que aprender a confiar e a aceitar o plano do Senhor, dia a dia, acreditando que caminhar com Ele não significava estar isento de situações que podiam levar à morte, mas significava que somente o seu Deus tinha a última palavra sobre as situações de morte.

Assim como a comunidade dos peregrinos teve que aprender a se posicionar diante dos perigos, que podiam levar à morte, e a não ficar esperando, somente, que o auxílio caísse do céu, também a comunidade dos fiéis que hoje peregrina, no deserto da sua existência, sabe que existe uma continuidade entre o povo do Antigo Testamento e a Igreja. O Senhor continua conduzindo o seu plano de salvação para o seu povo.

Em cada situação de morte, a Igreja e, nela, cada fiel, sabem-se protegidos pela Palavra que Deus, que se fez carne, habitou entre nós e se empenhou na sua promessa libertadora. Como a obediência de Josué a Moisés garantiu vitória, a obediência de Jesus à vontade do Pai trouxe a salvação em definitivo. A Igreja, por isso, percorre, ao lado do seu Senhor e Cristo, um caminho como comunidade exodal, que exige determinação, colaboração e disposição para caminhar e alcançar a sua meta: o Reino dos Céus.

A salvação aconteceu através do caminho pelo deserto

Para as pessoas que vivem nas grandes cidades com água canalizada, ou em países com abundância de chuvas ao longo do ano, não é muito fácil imaginar o deserto e seus perigos. Hoje o deserto de Judá possui muitos pontos férteis, graças aos avançados métodos de irrigação, desviando o curso do rio Jordão. Os relatos bíblicos sobre o deserto possuem um substrato que o ouvinte-leitor dos nossos dias está muito pouco familiarizado. O deserto era o local das feras e da falta de segurança natural, que produz medo.

Na linguagem bíblica, o deserto era símbolo de tentação e de morte. É o local onde a vida, humanamente dizendo, era impossível de acontecer e de subsistir. Só Deus pode garantir a vida no deserto. Era, portanto, local de perigo e de provação. No Pentateuco, várias passagens falam do povo que insurge contra o Senhor, porque estavam na penúria; sentiram, inclusive, saudades da vida no Egito, lembrando-se das cebolas (cf. Nm 11,15) e das panelas de carne (cf. Ex 16,3).

A liberdade tem seu preço e exige esforço para se permanecer nela. Para os profetas, em particular Oseias, Jeremias e Ezequiel, o deserto e o período que o povo nele ficou tornaram-se, igualmente, um símbolo do tempo e das condições favoráveis para fazer experiência da presença e dos cuidados de Deus (cf. Os 2,16; Jr 2,2-3; Ez 34,25).

A guerra contra Amalec aconteceu no deserto em meio às carências do que era e é elementar para a vida: a água. Por isso, entende-se a relação entre o episódio da água que brota da rocha (cf. Ex 17,1-7) e a guerra movida por Amalec contra os israelitas (cf. Ex 17,8-16). É a luta pelo precioso dom da água em um lugar sem garantias e sem seguranças naturais. No deserto, o povo devia viver da sua fé no Deus ao qual Moisés servia e nas promessas que, por ele, foram comunicadas. Esse foi o testemunho de Josué ao aceitar e obedecer à ordem de Moisés.

Caminhar pelo deserto foi uma experiência nova para os libertos, que tiveram que passar e enfrentar muitas tentações. Foi, porém, a oportunidade para abandonarem um passado marcado pela opressão. No deserto, em meio à falta do mínimo necessário para se viver, os libertos deveriam aprender a resistir aos apelos de bem-estar. O período do deserto foi um tempo favorável para valorizar a liberdade recebida, um sinal interno da salvação externa.

Quem dependeu do Faraó e de seu braço de ferro, que procurou a morte dos israelitas, necessitava aprender a depender do Senhor e de seu braço potente e misericordioso, que procurou e garantiu a vida do seu povo no meio das condições mais adversas. Em meio à aridez, diante dos perigos e das situações de morte, os libertos tiveram a chance de viver sob a condução e a proteção do Senhor. Cada provação superada reforçava a fé e ajudava a se posicionar, com confiança, diante das novas provações.

Há um plano previdente e providente

O narrador, no texto da guerra de Amalec contra os israelitas, pretendeu oferecer a seu ouvinte-leitor um episódio capaz de reafirmar a fé de Moisés na sua vocação e missão. Ao lado disso, teve a ocasião para introduzir novas personagens: Josué e Hur. O objetivo não mudou: o povo, através da condução dos seus líderes, deve continuar caminhando pelo deserto a fim de alcançar o local determinado: o Monte Sinai.

Do Egito ao Sinai, Moisés, seus ajudantes e o povo, difícil de ser conduzido e murmurante, encontram diferentes dificuldades. O temor não foi experimentado, somente, diante dos feitos grandiosos realizados pelo Senhor, no Egito, mas, também, diante dos obstáculos que foram surgindo ao longo da marcha pelo deserto. Nisso tudo, algo era constante: o Senhor caminhava com o seu povo e o liderava através do seu mediador. A cada obstáculo superado, Moisés, em primeiro lugar, foi percebendo que estava cada vez mais próximo da realização da sua missão.

A libertação do Egito não era o objetivo final, mas, apenas, o início de uma caminhada com várias etapas salvíficas. Estas etapas serviram para mostrar que o Senhor traçou um plano para demonstrar-se presente e operante. Se, por um lado, custa ao ouvinte-leitor aceitar a maldição que recaiu sobre Amalec e seu povo, porque se tornaram inimigos de Deus e dos israelitas, por outro lado, a narrativa pretendeu, muito mais, exaltar a confiança de Moisés no plano providente de Deus. Não há obstáculos que possam impedir a realização desse plano. Na ótica geral do livro do Êxodo, os filhos de Israel não deveriam ser subjugados, do ponto de vista político ou religioso, por nenhum outro povo, mas foram libertados para servir ao Senhor e somente a ele.

A libertação dos israelitas não foi um fim em si mesmo, mas uma ação voltada para os outros povos. Assim como Moisés recebeu a vocação e a missão, a comunidade dos libertos estava recebendo a mesma vocação e missão: libertar todos os povos da falsa concepção de Deus. Ser um povo particular, entre os povos, não era um privilégio, mas uma responsabilidade libertadora, a fim de que os outros povos pudessem conhecer o Deus verdadeiro (cf. Ex 19,4-6; Is 25,6-8).

A iniciativa salvífica pertence não ao ser humano mas sim a Deus, e se desenvolve graças ao seu plano previdente e providente. Ao chamar Moisés para a missão, Deus lhe disse, claramente, que o feito não seria fácil, pois o Faraó permaneceria obstinado (cf. Ex 3,19). De igual modo, Deus já sabia os obstáculos que o povo enfrentaria e que o próprio povo seria um obstáculo a si mesmo durante a travessia pelo deserto. Até Moisés foi testado diante desse plano (cf. Ex 32,7-14).

Em síntese

Pode-se dizer que o texto aponta para uma direção teológica: os inimigos dos israelitas libertos são os inimigos do Senhor que os libertou do Egito. Amalec, que atacou os israelitas enfraquecidos, estava atacando o próprio Senhor, que, após a vitória, se declarou inimigo de Amalec de geração em geração. Por esta ótica, passa-se das ações de murmuração no deserto (cf. Ex 15,22-17,7) aos cuidados do Senhor pelo povo, que está no deserto (cf. Ex 17,8-18,27).

Ex 17,8-16 condensa a temática do cuidado do Senhor pelo seu povo. Ele concede a vitória ao seu povo pelas mãos do seu líder, Moisés, e pela ação de seus ajudantes: Josué, como combatente, Aarão e Hur, como solidários às fraquezas de Moisés. O Senhor não socorreu o seu povo somente diante das forças naturais, mas também diante da força humana hostil. A certeza da presença do Senhor, que entra em guerra para salvar o seu povo, está presente em vários textos. O Sl 44, na sua primeira parte (v. 2-9), resume bem a certeza de que a vitória não se alcança pela perícia dos guerreiros, mas ela é fruto da ajuda que vem do Senhor. A confiança no Senhor alcança o seu objetivo quando o fiel busca, igualmente, fazer o que está ao seu alcance.

Diante de um inimigo mais forte, o povo eleito revive a certeza de que, no seu Deus, ele encontra refúgio, proteção e libertação. Deus é visto como rocha firme e amparo. Só Ele pode libertar do inimigo malvado e cruel. Uma criança, em Israel, era educada a esperar no Senhor e a buscar nele o seu apoio diante das adversidades. O fiel, em suas dificuldades, eleva a Deus a sua prece confiante e espera o auxílio necessário.

Essa postura foi sendo desenvolvida ao longo dos séculos e das experiências às quais Israel foi submetido. O livro do Êxodo, em sua forma final e por sua importância particular, tornou-se um paradigma, porque contém inúmeras experiências que podiam ser evocadas pelos filhos de Israel em diversas circunstâncias adversas. Essas experiências, porém, foram transmitidas e registradas para formar as futuras gerações, a fim de que não vacilassem diante dos seus obstáculos, mas fossem capazes de os enfrentar com fé madura. Ao lado disso, as futuras gerações deviam aprender a percorrer um caminho capaz de reconhecer a presença e a ação do Senhor na sua busca pela justiça e pela preservação da dignidade humana.

Ex 17,8-16 é mais uma etapa rumo à meta. A vitória alcançada não foi um fim em si mesma, mas uma ocasião para Moisés, seus ajudantes e o povo liberto continuarem a sua marcha e o seu empenho ao lado do seu Deus. A vitória não somente veio como consequência da ação divina, mas foi obtida, ao longo de um dia inteiro, por Josué no campo de batalha e por Moisés no alto da colina sustentado e amparado por Aarão e Hur.

Quando se pensa nos detalhes ou dificuldades encontrados durante a batalha, que não foram fornecidos pelo narrador, mas que podem, perfeitamente, ter acontecido, evidencia-se a capacidade de suportar, tenazmente, o fato de que Deus poderia ter resolvido a questão de um modo mais simples. Ele, porém, não quis retirar do seu povo a possibilidade de participar no êxito da guerra e no gosto da vitória, que não veio de forma fácil, mas foi alcançada com a persistência dos que não recuaram diante do ataque inimigo: Josué e os homens escolhidos, Moisés, Aarão e Hur.

Jetro reconhece o Senhor, Deus de Israel (Ex 18,1-12)

Contexto e composição

Contextualização

Moisés, após ter sido convencido pelo Senhor de que deveria retornar ao Egito e cumprir a missão de libertar o povo oprimido (cf. Ex 3,1–4,17), regressou e compareceu, diante do seu sogro, com um pedido condizente com a nova etapa que se iniciava na sua vida: *Permite-me que eu regresse aos meus irmãos que estão no Egito, para ver se ainda vivem.* Ao que Jetro respondeu sem nenhuma objeção: *Vai em paz!* (Ex 4,18). Moisés, com esse consentimento, não entrou em conflito, mas teve uma confirmação da ordem recebida pelo Senhor e um renovado interesse pelo seu povo no Egito.

Um particular se impõe: acima da vontade e da autoridade de Jetro sobre Moisés – que foi acolhido em sua tenda, feito membro da família pelo matrimônio com a sua filha, Séfora, pai de seus netos, Gérson e Eliezer (cf. Ex 2,16-22), e guardião do seu rebanho (cf. Ex 3,1) – estariam, somente, a vontade e a autoridade de Deus, que interveio ativamente. Moisés se despede de seu sogro levando sua família consigo (cf. Ex 4,20).[1] No episódio do reencontro, foi Moisés a acolher o seu sogro, a sua esposa e os seus netos, em sua tenda, na qual o Senhor foi exaltado (cf. Ex 18,7-11).

---

[1] Ex 4,20 refere-se aos filhos de Moisés, sem mencionar o nome do segundo filho: Eliezer. A omissão do nascimento de Eliezer foi retratada, de algum modo, em Ex 18,4.

A referência a Jetro, que aparece citado em Ex 3,1 e 4,18, serve de moldura para o relato sobre a vocação e missão de Moisés. A partir de Ex 4,18, a narrativa teve o seu foco direcionado para Moisés. Ele voltou ao Egito, a fim de executar as ordens do Senhor diante do Faraó. Ex 4,19–14,31 contém as narrativas sobre o retorno e as dificuldades que Moisés e Aarão enfrentaram no Egito, até que a libertação dos filhos de Israel acontecesse realmente.[2]

A aproximação e o afastamento, em relação à divindade e à família, interagiram nas cenas da despedida de Moisés, deixando Jetro, e do reencontro deste com Moisés, e foram determinantes na aceitação da vocação, da missão libertadora de Moisés e da caminhada do povo, do Monte Sinai rumo à Terra Prometida. Fica evidenciado que o conhecimento determina o comportamento: ao Deus que se revela, esperam-se do homem a obediência e a fidelidade aos seus desígnios (*Dei Verbum*, n. 5). Moisés e Jetro são exemplos dessa obediência e fidelidade.[3]

O reencontro de Jetro com Moisés, pela tradição bíblica, serve para reafirmar os laços familiares apresentados no livro de Gênesis, de modo a reatar vínculos derivados da união de Abraão com Cetura, de quem descendem os madianitas (cf. Gn 25,1-6; 1Cr 1,32-33). As relações favoráveis entre Moisés e Jetro podem funcionar, na narrativa, como a tentativa de unificação familiar mais abrangente,

---

[2] Ex 6,2–7,7 é considerada uma narrativa de tradição sacerdotal, apesar das tensões internas, e é aceita como texto paralelo a Ex 3,1-4,18, que combina as tradições javista e eloísta, sobre a vocação e a importante missão de Moisés baseada na revelação do "Nome" do Deus dos Patriarcas (SKA, 2003, pp. 160-161; RENDTORFF, 2005, pp. 40-43). A história de Moisés, no escrito sacerdotal, liga-se à instituição do culto, que é a base da hierocracia que foi estabelecida no Israel pós-exílico (SCHMID, 2002², pp. 315-316).

[3] A primeira colaboração aconteceu no momento em que Jetro não perdeu a ocasião para ficar com Moisés, visto que, após fugir do Egito, ele defendeu as suas filhas e o seu rebanho. Jetro integrou Moisés à sua família, dando-lhe Séfora por esposa. Há uma dinâmica clara: Moisés salva os bens de Jetro e é salvo por Jetro (cf. Ex 2,16-22).

mostrando que a bênção dada a Abraão (cf. Gn 12,1-4) estaria acontecendo para os povos (DURHAM, 1987, pp. 240-243).

As mudanças de temática, de personagens e de situação favorecem a delimitação de Ex 18,1-12 em relação ao episódio precedente (Ex 17,8-16), e em relação ao episódio subsequente (Ex 18,13-27). Há, por assim dizer, o estabelecimento de uma ponte entre a hostilidade de Amalec e a hospitalidade que envolve Moisés e Jetro (FISCHER; MARKL, 2009, p. 199).

O sacrifício oferecido por Jetro, participado por Aarão e os anciãos de Israel, fecha o episódio do reencontro de Jetro com Moisés, terminando fora da tenda. A frase temporal *aconteceu na manhã seguinte* (Ex 18,13) estabelece um vínculo com o episódio precedente, ao mesmo tempo em que introduz um novo episódio, no qual Jetro não é citado nominalmente, mas somente pelo laço familiar: *sogro* (cf. Ex 18,14.15.17.24.27).

Ex 18,1-12 é, portanto, um episódio estratégico no contexto em que foram narradas as dificuldades encontradas por Moisés e pelo povo liberto, logo após a saída do Egito e a chegada ao Monte Sinai: depois das quatro necessidades experimentadas e superadas, na primeira etapa da marcha pelo deserto, abriu-se o espaço para que Jetro não somente pudesse reentrar em cena, mas para que uma nova intervenção salvífica, a favor de Moisés e do seu povo, fosse atribuída ao sogro de Moisés (cf. Ex 18,13-27).

Três notícias, apresentadas pelo narrador para o ouvinte-leitor, criam os vínculos entre o "presente" do reencontro e o "passado" sobre a vida de Moisés na companhia do seu sogro: (a) *Jetro [...] ouviu tudo o que Deus fizera para Moisés e para Israel* (v. 1); (b) *Moisés enumerou, para o seu sogro, tudo o que o Senhor tinha feito ao Faraó e aos egípcios por causa de Israel, com toda a tribulação que veio ao encontro deles no caminho, mas o Senhor os libertou* (v. 8); (c) *Jetro fascinou-se com tudo de bom que o Senhor fizera para Israel, porque o libertou das mãos dos egípcios* (v. 9).

Jetro, que reconhece os favores do Senhor, contrapõe-se aos israelitas, que não reconheceram os benefícios recebidos e não agradeceram a superação das três necessidades: sede – fome – sede. A atitude dos israelitas, porém, parece contradizer a afirmação contida em Ex 14,30-31. Este texto deu a entender que Israel se convencera do poder do Senhor a seu favor. Ao lado disso, Ex 15,6 traz uma fala de Moisés que, também, parece ignorar Ex 14,30-31, mas pretendeu enfatizar o quanto o povo murmurava, lamentando-se diante da penúria do deserto, sentindo nostalgia dos "bens" que tinham deixado para trás no Egito. A ingratidão do povo pela liberdade concedida foi denunciada pela gratidão de Jetro.

Com a superação do quarto obstáculo, guerra e consequente vitória sobre Amalec, a narrativa sobre a vinda de Jetro apareceu devidamente motivada: ele ouviu as maravilhas que foram operadas pelo Senhor a favor de Moisés e os israelitas. Surge, espontaneamente, uma pergunta do ouvinte-leitor: como as notícias chegaram até Jetro? Não houve menção de um mensageiro, levando as notícias, o que faria supor que Jetro não habitasse ou não estivesse longe do local no qual Moisés estaria acampado com os israelitas.[4]

Os quatro obstáculos evidenciaram para Jetro que Moisés contava, realmente, com os auxílios do Deus que lhe aparecera no deserto. Por isso, existia segurança e Jetro pôde vir ao encontro de Moisés para lhe devolver a sua esposa Séfora e os seus dois filhos. Moisés já poderia prover a sua família e, quem sabe, dar a Gérson e Eliezer uma posição social e religiosa relevante, entre os israelitas, pois, em termos gerais, seriam seus herdeiros diretos. Algo que

---

[4] Há muito se propôs a hipótese da aproximação geográfica do Sinai com Madiã, defendendo-se, inclusive, que o culto a YHWH, instituído por Moisés, deveu-se ao convívio com Jetro ou com os nômades do deserto, próximos à península do Sinai (CHILDS, 1974, pp. 321-325; DURHAM, 1987, p. 241; GOTTWALD, 1988, pp. 189.191; ZENGER, 1989, pp. 51-56).

não aconteceu, pois a tradição bíblica silenciou sobre os filhos de Moisés.[5]

A atitude reverencial de Moisés ao seu sogro pode ser vista como a atitude de um filho em relação ao seu pai. Ex 18,1-27 serviria para justificar, inclusive, o papel do sogro no seio da família e o quanto essa figura patriarcal podia influenciar nas decisões familiares. Moisés, pelo matrimônio com Séfora, concluiu uma aliança com Jetro que, ao reconhecer a grandeza do Senhor, concluiu uma aliança com Moisés e com o seu povo (VOGELS, 2003, p. 177). Nesse sentido, a reunião de Moisés com a sua mulher e os seus filhos, pelas mãos de Jetro, *na montanha de Deus* (v. 5), podia ser vista como um prelúdio familiar da aliança de comunhão que o Senhor estabeleceria com o povo, pelas mãos de Moisés, no Monte Sinai (FISCHER; MARKL, 2009, p. 199).

Ao lado disso, Jetro era sacerdote, e Moisés era da tribo de Levi, que foi eleita para os serviços cultuais: primeiro Aarão e seus filhos, como sacerdotes (cf. Ex 28,1-43; 39,1-31; Lv 8,1-9,24), depois os levitas, como auxiliares da classe sacerdotal aronita (cf. Nm 3,1-13). Antes dessa escolha, contudo, em várias passagens, Moisés realizou ações que eram tipicamente sacerdotais (cf. Ex 19,10.14; 24,4-8). Tudo isso serviu de ação prévia para a instituição do culto a ser realizado ao Senhor, já no deserto, na tenda da reunião (cf. Ex 25,1-40,38).

---

[5] Nm 26,57 menciona uma descendência de Gérson, dando origem aos gersonitas, que em Js 21,33 receberam cidades, por serem levitas. Todavia, não há como afirmar se este Gérson seria o filho de Moisés, visto que, mais adiante, se encontra uma referência aos pais de Moisés (cf. Nm 26,59), a fim de resolver o problema criado entre os textos conflitantes, entre si, sobre os irmãos de Moisés (cf. Ex 2,1; 6,20). Jz 18,30 menciona Gérson, filho de Moisés e pai de Jônatas. Os filhos de Jônatas exerceram o sacerdócio junto à tribo de Dan até o início do exílio em Babilônia. Estas informações retornam em 1Cr 23,15-16 e, em 1Cr 26,24, Subael, filho de Gérson, tornou-se responsável pelos tesouros. Não obstante isso, a descendência de Moisés não foi relevante para o povo eleito e não tiveram poder de decisão. Ao lado de Moisés estavam os anciãos investidos com o seu espírito, e o comando, mais tarde, passou para as mãos de Josué (FISCHER, 2006, pp. 140-141).

O reencontro de Jetro com Moisés favorece e ambienta a iniciativa contida na narrativa seguinte: o conselho dado a Moisés originou a instituição dos juízes no deserto. Este episódio prepara, por sua vez, a narrativa sobre a Aliança do Sinai (cf. Ex 19,1-24,18), na qual o dom do Decálogo possui centralidade, pois os mandamentos foram dados como parâmetro jurídico sobre as relações do povo com Deus, no sentido vertical, e com o próximo, no sentido horizontal (cf. Ex 20,1-21). O sacrifício de ação de graças e de comunhão, oferecido por Jetro, pode ser considerado, igualmente, um elemento inspirador para a ereção da tenda-santuário e as funções sacerdotais que serão instituídas, regulamentando a convivência com o Senhor que deixou o Monte Sinai para estar e seguir caminhante com o seu povo pelo deserto (cf. Ex 25,1-40,38).

Estrutura do texto

Ex 18,1-27 está emoldurado como uma unidade narrativa, apesar dos debates sobre as tradições existentes e subjacentes ao texto (CHILDS, 1974, pp. 321-323), pelo movimento e protagonismo que recaem sobre as ações de Jetro: deixa Madiã e vem ao encontro de Moisés em Rafidim (v. 1), deixa Rafidim e retorna para Madiã (v. 27). Não é possível dizer se Jetro teria permanecido com Moisés somente dois dias, dado temporal que estaria na base das duas partes do texto (VOGEL, 2003, p. 176): primeiro dia (Ex 18,1-12) e segundo dia (Ex 18,13-27). O texto não está preocupado com o aspecto temporal, mas quer evidenciar a força das relações, pelos vínculos familiares, que permaneceram firmes entre Jetro, um madianita, e Moisés, o líder dos israelitas.

Uma estrutura concêntrica pode ser estabelecida, facilitando a percepção das personagens centrais ao texto e das ações que realizaram, evidenciando as diversas questões pertinentes.

JETRO RECONHECE O SENHOR, DEUS DE ISRAEL (EX 18,1-12)

A Jetro, sacerdote de Madiã e sogro de Moisés, ouve boas-novas (v. 1);

    B Jetro toma atitudes condizentes com as boas-novas que ouve (vv. 2-5);

        C Jetro declara para Moisés o motivo da sua visita (v. 6);

            D Moisés sai ao encontro de Jetro, saúdam-se e entram na tenda (v. 7);

        C' Moisés declara para Jetro os feitos do Senhor e as outras dificuldades que surgiram, mas foram superadas (v. 9);

    B' Jetro recebe as notícias com alegria, bendiz e reconhece a grandeza do Senhor sobre os deuses (vv. 9-11);

A' Jetro, por ser sacerdote, realiza um sacrifício compartilhado com Aarão e os anciãos de Israel (v. 12).

O narrador reintroduz a figura de Jetro na narrativa do Êxodo em uma dinâmica fortemente religiosa, na qual a divindade é reconhecida e valorizada por seus grandes feitos. O epíteto Elohîm, colocado antes do Tetragrama Sagrado, *Senhor*, salvaguarda uma tradição bíblica que atribui a revelação do nome do Deus de Israel a Moisés no momento do seu chamado e em função da sua missão (cf. Ex 3,14). Um indício de que Jetro não conhecia o Senhor? A ordem dos nomes salvaguarda o uso primitivo e apropriado de Elohîm nos lábios de um não israelita, criando na narrativa a identificação do Elohîm, da fala de Jetro, com o Elohîm-Senhor, revelado a Moisés.

Ex 18,2-5 gira em torno da família de Moisés junto a Jetro. No versículo 2, a ordem dos nomes (Jetro, Séfora e filhos) é inversa da ordem no versículo 5 (Jetro, filhos e mulher). Um artifício literário para colocar os filhos de Moisés em destaque ou simples equívoco do amanuense?

O narrador oferece várias informações que, de algum modo, retificam certos dados anteriores sobre Moisés e suas atitudes familiares. Se Moisés, após se despedir de Jetro, levou consigo sua mulher e seus filhos para o Egito (cf. Ex 4,20), por que eles reapareceram, nessa narrativa, com Jetro? Uma atitude de Moisés em relação a Séfora, *depois que a fizera voltar* (אַחַר שִׁלּוּחֶיהָ), figura em destaque no texto. Por um lado, o ouvinte-leitor se pergunta pelo quando e pelo porquê de isso ter acontecido. Por outro lado, o substantivo plural constructal, com sufixo de terceira pessoa do feminino singular (שִׁלּוּחֶיהָ), dá margem para outra interpretação que lembraria, em tese, o divórcio, visto que o termo, oriundo da raiz שלח (SCHÖKEL, 1997, pp. 672-673), significa "desprendimento", "repúdio" (cf. Mq 1,14), ou "dote" (cf. 1Rs 9,16). Teria Moisés despedido Séfora e seus filhos para ficar com o seu povo Israel ou desprendeu-se deles, devolvendo-os para o sogro, a fim de preservá-los dos perigos que seriam enfrentados no Egito?

Em contrapartida, a atitude de Jetro, que veio ao encontro de Moisés e lhe devolveu a sua filha e os seus netos, não permitiria, em tese, aceitar o rompimento do contrato matrimonial, afastando a hipótese sobre o divórcio, mas reivindicaria o compromisso assumido e declarado, a partir desse momento, diante de toda a comunidade dos libertos. Poderia figurar como legitimação do matrimônio em nível comunitário? A última vez que Séfora foi mencionada no livro do Êxodo, antes desse episódio, foi quando ela realizou um ato religioso ligado ao pai e não à mãe, salvo se houvesse uma situação de morte iminente (cf. 1Mc 1,60; 2Mc 6,10): a obscura, mas bem contextualizada, narrativa sobre a circuncisão de um filho, a qual ratificou o matrimônio de Séfora e Moisés, salvando a vida de Moisés e a vida do filho em Ex 4,24-26 (MICHAELI, 1974, p. 60; DURHAN, 1987, pp. 56-59; VOGELS, 2003, pp. 112-115).

De fato, após Moisés receber Jetro, saudá-lo e fazê-lo entrar na sua tenda, o narrador nada mais menciona sobre Séfora, Gérson e Eliezer. Não houve, por parte do narrador, o interesse em explorar os sentimentos de Moisés em relação à sua esposa e aos seus filhos. A frieza da narrativa é superada pela intenção do narrador: toda a atenção ficou voltada para a narrativa dos feitos operados pelo Senhor e as dificuldades que foram superadas, com o seu auxílio, após a travessia do Mar dos Juncos.

Todavia, se Séfora não tivesse realizado a circuncisão do filho e salvo Moisés da morte, a libertação desejada para os israelitas teria acontecido como narrada? Nesse sentido, Séfora tornou-se uma figura de destaque ao lado de Moisés, que pôde salvar o seu povo porque foi salvo por sua esposa a caminho do Egito. Se, por um lado, em Ex 4,24-26, a circuncisão ficou evidenciada como um elemento importante e constitutivo do povo eleito, criando vínculos com a aliança selada com o patriarca Abraão (cf. Gn 17); por outro lado, a fraqueza de Moisés foi socorrida pela habilidade de Séfora. A dramaticidade do perigo de morte obteve o remédio necessário para que Moisés alcançasse êxito em sua missão junto aos israelitas oprimidos no Egito (DURHAN, 1987, p. 59). A ação humana concorre para o êxito da ação divina.

O perigo de morte, ao lado de Moisés e de seu Deus, seria um argumento suficiente para que Séfora fosse devolvida a Jetro, juntamente com os seus dois filhos. Ao lado disso, a narrativa sobre o Senhor, que pode tirar a vida do seu servo Moisés, prepara o leitor para as ações que foram desencadeadas para libertar o povo; a morte dos primogênitos, dentre os dez flagelos, foi o mais duro. Não há, por isso, necessidade de apelar para uma tradição mítica sobre a presença e a ação de um demônio exterminador agindo em Ex 4,24-26 (MICHAELI, 1974, p. 61; CHILDS, 1974, p. 96; DURHAN, 1987, p. 57).

A boa-nova ouvida por Jetro, no início da narrativa, foi complementada e gerou nele três atitudes: alegria pelos feitos, louvor e reconhecimento da grandeza do Senhor em relação aos outros deuses, culminando em um ato cultual de comunhão entre os participantes, celebrado na presença do Senhor.

Estrutura da narrativa

O olhar do narrador volta-se para o passado, a fim de preparar as futuras e mais amplas ações do Senhor. A relação entre passado, presente e futuro diminui o ritmo e o fluxo da narração. Jetro apresenta-se a Moisés de modo formal, algo que é condizente com o lugar e o papel que o seu genro ocupa entre os libertos. Moisés não é mais o pastor do rebanho de Jetro, mas é o pastor do rebanho do Senhor. Isto, porém, não rompeu os laços familiares entre Jetro e Moisés, que, enquanto viveu na tenda do seu sogro, tinha o Egito e o seu povo bem distantes de si. Moisés continua genro de Jetro, pois continua casado com a sua filha Séfora e é pai de seus netos, Gérson e Eliezer. De algum modo, tem-se, aqui, uma apologia do matrimônio acima da raça e das etnias.

Os feitos do Senhor a favor de Moisés e de seu povo servem de fio condutor na narrativa. Nesta, o sogro de Moisés ocupa um papel central e funcional, porque o narrador quer chamar a atenção do ouvinte-leitor sobre a importância de Jetro nos inícios das ações de Moisés como líder, homem do culto e legislador para o povo liberto.

O vínculo familiar, entre Jetro e Moisés, aparece estabelecido, fortemente, pela expressão *sogro de Moisés* ou somente *sogro* (cf. Ex 18,1.2.5.6.7.8.12[2x]). É uma insistência que garante o livre acesso de Jetro à pessoa de Moisés, mas, principalmente, porque predispõe o ouvinte-leitor a aceitar um fato: o grande líder dos israelitas soube ouvir e acolher as orientações do sogro, um madianita, membro de um povo que, mais tarde, se demonstrou hostil a Israel (cf. Nm 25,17).

Os elementos que movimentam as cenas estão, devidamente, apresentados na narrativa: (a) motivação: Jetro ouviu tudo o que Deus tinha feito para Moisés e para Israel; (b) ação: Jetro tomou a decisão de ir ao encontro de Moisés, para lhe devolver a sua filha e os seus netos, todos devidamente nomeados; (c) reação: Moisés saiu da sua tenda e recebeu, com as devidas honras, o seu sogro e, consequentemente, a sua esposa e os seus dois filhos; (d) notícias ulteriores: em um primeiro momento, Jetro soube, somente, dos feitos de libertação ligados ao Egito, mas, por meio de Moisés, soube também de outros feitos ocorridos após a saída do Egito: os quatro obstáculos superados: sede – fome – sede – guerra. Dessa forma, ficaram estabelecidos os vínculos com os episódios precedentes e prepara-se a narrativa para as cenas subsequentes.

O clímax na narrativa foi sendo disposto para ser atingido paulatinamente. Jetro alegra-se, bendiz e reconhece o Senhor, Deus de Moisés e do seu povo, como superior aos outros deuses. Este reconhecimento foi celebrado através de um sacrifício de comunhão, no qual Aarão, futuro sacerdote para o povo eleito (cf. Ex 28,1-4; 29,4-8; 40,12-15), e os anciãos do povo, futuro conselho profético formado no deserto (cf. Ex 24,1.9; Nm 11,24-30), participaram do ato cultual de comunhão, *comendo pão com o sogro de Moisés na presença de Deus.*[6]

Nesse sentido, Ex 18,1-12 possui uma estrutura lógica e apresenta os elementos essenciais de uma narrativa: personagens, local, situações, tempo, narrador.

a) **Personagens:** Jetro, Séfora, Gérson, Eliezer, Moisés, Aarão, os anciãos e o Senhor em evidência.

b) **Local:** Jetro sai de Madiã, vai ao encontro de Moisés no local do acampamento, provavelmente Rafidim.

c) **Situações:** Os feitos do Senhor, Deus de Moisés, sensibilizaram Jetro, que decidiu se colocar em marcha para devolver mulher e filhos ao seu abençoado genro. Moisés recebe Jetro e a sua família, introduzindo-os na sua tenda. Na intimidade da tenda, Moisés testemunha os feitos, fornece detalhes e fala das novas ações. Na intimidade do

---

[6] Em Ex 24,9-11, a "visão de Deus" e a "refeição", na presença da divindade, ratificam e legitimam a autoridade dos sacerdotes e dos anciãos sobre o povo. Esses dois grupos se tornarão os responsáveis pela comunidade (SKA, 2003, p. 45; 1993, pp. 305-327).

culto e na partilha do pão, Jetro, Aarão, anciãos e Moisés enaltecem o Senhor, que é maior que os deuses.

d) **Tempo:** Não existe uma referência temporal específica no texto. As notícias que motivaram a decisão e a partida de Jetro são oferecidas no passado da narrativa. Tudo decorre no ínterim entre a saída do Egito e a chegada ao Monte Sinai. Pode-se dizer, porém, que esse reencontro aconteceu depois que Amalec foi subjugado por Josué.

e) **Narrador:** É quem mais atua nesse episódio, mas cedeu a fala cinco vezes às personagens centrais: três vezes a fala foi dada para Moisés (v. 3.7) e duas vezes para Jetro (v. 6.10-11).

Os versículos 1-6 apresentam o interesse de Jetro em reencontrar Moisés com um objetivo específico: devolver a sua filha e os seus netos, que são os bens que pertencem a Moisés. Os versículos 7-8 apresentam Moisés prestando as devidas homenagens ao sogro e narrando-lhe os feitos do Senhor. Os versículos 9-12 apresentam novas atitudes de Jetro, como reação às novas notícias contadas por Moisés, pelas quais o clímax aparece narrado e se desdobra em quatro atos: Jetro *alegrou-se, bendisse* o Senhor, *reconheceu* a sua grandeza e *celebrou* um sacrifício de comunhão.

Do ponto de vista da crítica literária, existe um maior equilíbrio com relação ao episódio anterior. Os nomes divinos citados, pois o termo Elohîm possui seis ocorrências (vv. 1.4.5.11.12^{2x}) e o termo YHWH também possui seis ocorrências (vv. 1.8^{2x}.9.10.11), estão em evidência. Pode-se dizer, porém, que o Tetragrama Sagrado prevalece sobre o termo Elohîm, por dois motivos citados no versículo 11: (a) o termo Elohîm significa, de fato, um plural, *deuses*, e não o plural majestático aplicado ao Deus de Moisés; (b) o reconhecimento de Jetro, que afirmou: *eu sei que o Senhor é grande dentre todos os deuses*. Este reconhecimento evoca Ex 12,12, no qual se atesta que todos os deuses estão submetidos ao Senhor, Deus de Moisés.

Tradução e paralelos

18 ¹ Jetro, sacerdote de Madiã e sogro de Moisés, ouviu tudo o que Deus fizera por Moisés e Israel, seu povo; porque o Senhor fizera Israel sair do Egito. ² Jetro, sogro de Moisés, tomou Séfora, mulher de Moisés, depois que este a fizera voltar, ³ e os dois filhos dela: o nome do primeiro era Gérson, porque dissera: "eu fui estrangeiro em terra estranha". ⁴ E o nome do outro era Eliezer, "porque o Deus do meu pai foi meu auxílio e me livrou da espada do Faraó". ⁵ Então Jetro, sogro de Moisés, veio com os filhos e a mulher deste até Moisés rumo ao deserto, onde ele estava acampado, lá na montanha de Deus. ⁶ E disse para Moisés: "Eu, Jetro, teu sogro, venho a ti, com tua mulher e teus dois filhos com ela". ⁷ Moisés saiu ao encontro do seu sogro, prostrou-se e beijou-lhe; indagaram um ao outro pelo "Shalom!"; e entraram na tenda. ⁸ Então, Moisés enumerou, para o seu sogro, tudo o que o Senhor fizera ao Faraó e aos egípcios, por causa de Israel, com toda a tribulação que viera ao encontro deles no caminho, e da qual o Senhor os libertara. ⁹ Jetro fascinou-se com tudo de bom que o Senhor fizera para Israel, porque o libertara das mãos dos egípcios. ¹⁰ E Jetro exultou: "Bendito seja o Senhor, que vos libertou das mãos dos egípcios e das mãos do Faraó, que libertou o povo debaixo das mãos dos egípcios. ¹¹ Agora, eu sei que o Senhor é grande entre todos os deuses, porque manteve a palavra quando foram arrogantes contra eles". ¹² Então, Jetro, sogro de Moisés, ofereceu um holocausto e sacrifícios para Deus, e Aarão veio, e todos os anciãos de Israel, para comer pão, com o sogro de Moisés, na presença de Deus.

Ex 3,1
Ex 2,22
1Cr 23,15
Ex 17,1.8
Ex 33,8.9
Sl 135,5

Comentários

Jetro,ᵃ sacerdote de Madiãᵇ e sogroᶜ de Moisés, ouviuᵈ tudo o que **18** ¹ Deusᵉ fizera por Moisés e Israel,ᶠ seu povo;ᵍ porque o Senhorʰ fizera Israel sair do Egito.ⁱ ᵃ Jetro é apresentado pelo nome próprio, pelo seu ofício sacerdotal, pelo lugar de proveniência e pelo seu vínculo familiar com Moisés. São quatro notas peculiares para mostrar que Jetro é uma personagem central nesse episódio. Além disso, Jetro (יִתְרוֹ) é citado sete vezes pelo nome. Este particular, por um lado, concede fluidez e linearidade à sequência narrativa, mas, por outro lado, cria uma tensão com o episódio seguinte (Ex 18,13-27), no qual não é citado nenhuma vez pelo nome.

De acordo com a tradição bíblica, os textos que se referem ao sogro de Moisés não concordam entre si. Essa personagem é chamada de *Yeter* (יֶתֶר) em Ex 4,18; é chamada de *Raguel* em Ex 2,18, nome citado, também, em Nm 10,29, quando Moisés tenta convencer *Hobab*, seu cunhado, a permanecer, junto com ele e com os israelitas, a fim de lhes conduzir com segurança pelo deserto. Esse pedido revela certa imperícia de Moisés em relação ao deserto. O problema é agravado em Jz 1,16, porque *Hobab* é citado como sendo um quenita, e não um moabita; e Jz 4,11 cita *Hobab* como sendo sogro de Moisés. Talvez, por causa desses dois últimos casos, alguns tentaram ler *genro* (חָתָן) em vez de *sogro* (חֹתֵן), algo que não procede devido ao ponto de partida narrado em Ex 2,18 e 3,1, apesar do uso de nomes diferentes (CHILDS, 1974, p. 320). A diferença de nomes pode ser explicada como proveniente de tradições diferentes a respeito do mesmo fato, que, no texto final, não foram excluídas, mas integradas com um propósito teológico: preservar a memória das tradições em torno de Moisés e das suas relações com os madianitas através do vínculo familiar estabelecido com a casa de Jetro.

ᵇ Ex 3,1 e 18,1 são as duas passagens nas quais se fala sobre a pessoa de Jetro com mais detalhes. Ex 3,1 traz os dados de forma inversa à Ex 18,1. No primeiro texto, Moisés é referido em função de Jetro, mas, no segundo texto, Jetro é quem é referido em função de Moisés. Nessa dinâmica, Ex 18,1 realiza um movimento narrativo que pretende recolocar Jetro na companhia de Moisés e não vice-versa. Jetro, porém, entrou novamente em cena e em ação, no livro do Êxodo, a fim de mostrar Moisés, mais uma vez, recebendo um favor não somente em função de suas necessidades pessoais, mas em função e benefício do povo eleito. A última referência explícita ao nome Jetro ocorreu em Ex 18,12, porque em Ex 18,13-27 não se usa mais esse nome próprio. O narrador preferiu referir-se a ele somente pelo vínculo familiar com Moisés: *seu sogro*. Com isso, tem-se um modo literário para acentuar e para terminar a participação de Jetro na vida de Moisés e no livro do Êxodo.

Jetro é introduzido na cena, pelo narrador, através de dois adjuntos adnominais: é sacerdote de um local específico e é sogro de um homem que possui uma história, um chamado e uma missão específicos. Jetro possui uma qualidade fundamental: ele sabe ouvir e reconhecer, no que ouviu, a presença e a ação do Deus de Moisés. A ênfase recai na última sentença, porque identifica Deus (Elohîm) com o nome revelado, Senhor (YHWH), ao seu servo Moisés. O Egito, em relação a Moisés e aos israelitas, é uma realidade que ficou para trás e nada tem a ver com os madianitas.

Os feitos do Senhor suscitaram o interesse de Jetro. Moisés e Israel são os beneficiários em relação ao Egito. Com isso, porém, o narrador deu a perceber que a libertação do Egito se tornou uma notícia conhecida e que, pelo reencontro com Jetro, será celebrada através de um sacerdote madianita. Jetro é o homem capaz de fazer isso através de um gesto sacrifical. Pelo deserto, então, não estava caminhando somente um povo agraciado e marcado pela intervenção de uma divindade que merecia ser cultuada, mas já estava circulando a fama de uma divindade operadora de prodígios a favor de um povo. De fato, os feitos operados pelo Senhor, a favor de Moisés e dos israelitas, foram as credenciais que moveram Jetro a andar pelo deserto e a vir ao seu encontro.

c O termo *sogro* é citado oito vezes em Ex 18,1-12. Por esse termo, estabelece-se não só um vínculo familiar com Moisés, mas também um vínculo narrativo com Ex 18,13-27, no qual Jetro continua influenciando Moisés. Essa influência será decisiva para a administração da justiça e do direito durante e depois da permanência no deserto. O que se espera de uma unidade social, no âmbito da família, pela instituição dos juízes, passa para o âmbito da sociedade como uma grande família. Moisés, tornando-se genro de Jetro, foi incorporado à tenda dele, e os filhos nascidos do matrimônio com Séfora pertenciam à tribo ou família de Jetro (o costume está atestado em Gn 31,31.43). Então, o gesto de Jetro, que vem "devolver" Séfora, Gérson e Eliezer a Moisés, denota o seu interesse em fazer com que a mulher e os filhos de Moisés se tornem membros conhecidos e valorizados pelo povo eleito.

ᵈ Por detrás da informação está uma função catequética e querigmática. O que move Jetro a ir ao encontro de Moisés pode ser comparado a um "evangelho", isto é, uma boa notícia. O Senhor, Deus de Moisés e dos libertos, começa a ser conhecido e honrado por seus grandes feitos. A notícia se espalha, mas alcança, em primeiro lugar, aquele que favoreceu Moisés, no momento em que ele estava desprovido de casa e dos bens necessários para a sua sobrevivência. Jetro, que tinha feito Moisés entrar na sua tenda, ao encontrar-se com Moisés foi acolhido por ele na sua tenda, mas nela não permaneceu, porque Moisés permitiu que Jetro, após dar o conselho sobre a formação dos juízes, retornasse para a sua terra (cf. Ex 18,27). O gesto de Moisés, deixando Jetro partir, equipara-se ao gesto de Jetro por ocasião do retorno de Moisés ao Egito (cf. Ex 4,18). Habitar em uma tenda significa ter parte com a família que a armou e ter com o que se proteger, mas receber alguém na própria tenda significa oferecer proteção e partilhar a mesma sorte e condições de vida.

ᵉ O Targum e a LXX trazem YHWH (Senhor), em vez do termo Elohîm (Deus). A razão da mudança é uma tentativa de harmonizar o texto e valorizar o Tetragrama Sagrado, mas isso não faz muito sentido, pois as outras ocorrências do termo Elohîm, cinco no total, não sofreram modificação nessas versões.

f Israel é citado, explicitamente, cinco vezes nesses doze versículos (cf. vv. 1²ˣ.8.9.12). A referência ao *povo*, no versículo 10, pode ser tomada como sinônimo de Israel, devido ao complemento efetuado no primeiro versículo do episódio. Desse modo, Israel foi citado sete vezes no texto. Cinco de forma direta e duas de forma indireta. Da primeira à quarta citação explícita, Israel é objeto da bondade do Senhor, bem como no versículo 10, quando se diz: *que libertou o povo*. Somente na última citação explícita, o termo aparece associado aos anciãos que tomam parte na refeição junto com Jetro, Aarão e Moisés. A insistência no termo Israel denota o objeto do favorecimento divino, mas, ao mesmo tempo, prepara a declaração de que Israel é o povo que Deus elegeu como sua propriedade pessoal, porque Israel saiu do Egito como um despojo de guerra do Senhor. Israel é o fruto da vitória que passou das mãos do Faraó para as mãos do Senhor (cf. Ex 19,4-5).

g O sufixo de terceira pessoa do singular proporciona um duplo sentido: *seu povo* pode se referir a Deus e a Moisés. De fato, por ocasião do Cântico da Vitória, Moisés, louvando o Senhor por seus feitos, disse: *teu povo* (Ex 15,16), mas, diante do pecado de idolatria cometido, o Senhor é quem disse a Moisés: *teu povo* (Ex 32,7). Moisés, comprometendo o Senhor, por seus feitos, devolve-lhe o povo dizendo: *teu povo* (Ex 33,13). Além disso, a frase, *porque o Senhor fez sair Israel do Egito*, enquanto explica o feito, acentua a ação libertadora que se estabeleceu entre o Senhor e o povo, pois antes dessa ação em várias vezes o Senhor dissera: *meu povo* (cf. Ex 3,7.10; 10,3). Na dinâmica do livro do Êxodo, o povo de Deus é o povo de Moisés e vice-versa.

h O Tetragrama Sagrado, YHWH, e o termo Elohîm estão em evidência, pois ambos aparecem citados seis vezes. O total alcançado, doze, pode ser um modo de apontar para a futura unidade que se estabelecerá com as doze tribos de Israel.

i A opção por traduzir, aqui, מִצְרַיִם por *Egito* e não por *egípcios* deve--se ao verbo *sair*, que exige local. Nas outras ocorrências, salvo no versículo 8, que possibilitaria as duas traduções, porque מִצְרַיִם está ligado ao termo *mãos*, a opção de traduzir por *egípcios* era mais condizente.

A explicação final, repetitiva sobre o feito, objetiva assegurar que Jetro tomou as suas iniciativas devido ao agir do Senhor. Jetro foi movido pela ação divina favorável e não pela perícia humana de Moisés ou de Josué no campo de combate contra Amalec. Ao lado disso, a frase explicativa serve para evitar uma interpretação parcial. Jetro não veio ao encontro de Moisés movido, somente, pela notícia da vitória dos israelitas sobre os amalecitas (LERNER, 2006, p. 403). O versículo 8 confirma essa afirmação, pois dá a entender que Jetro tomou ciência do que aconteceu, após a travessia do Mar dos Juncos, graças ao testemunho de Moisés sobre como o Senhor os libertara da tribulação surgida no caminho. Por isso, ele terá gestos ainda mais condizentes com a sua função sacerdotal. Não obstante isso, a fala do narrador, sobre a postura de Jetro, ajuda a formar a compreensão do ouvinte-leitor: a libertação da opressão e a vitória dos israelitas sobre os seus males não foram frutos da força humana, nem de ações mágicas, mas vieram da bondade do Senhor. Tais ações se tornaram uma oração, que exaltou o Senhor que concedeu a vitória e não exaltou a força ou os músculos do homem (cf. Sl 147,10).

v. 2 Jetro, sogro de Moisés, tomou^j Séfora, mulher de Moisés,^k depois que este a fizera voltar,

^j O verbo וַיִּקַּח, da raiz לקח, também ocorre em Ex 18,12, quando Jetro *tomou* um holocausto e sacrifícios para oferecê-los a Deus. A mesma forma verbal foi utilizada em Ex 4,20, quando Moisés *tomou* Séfora e seus filhos para regressar para o Egito. A ligação entre as duas cenas e situações é inegável. Ainda mais, levando em consideração que Séfora *tomou uma pedra afiada* (וַתִּקַּח em Ex 4,25) para circuncidar o seu filho, salvando Moisés da morte. O sentido mais provável para o verbo לָקַח é o de apropriar-se de um bem para si próprio, ou de estabelecer um vínculo pela escolha, no momento em que alguém toma para si uma pessoa, como no caso de um matrimônio. Dt 4,34 afirma que Deus escolheu (tomou) Israel do meio das nações, fez dele a sua propriedade. O sentido é o de resgatar ou arrancar o seu povo do meio da aflição e da morte.

ᵏ Os laços estreitos de Moisés com os madianitas, devido ao matrimônio com Séfora, foram transformados, radicalmente, no livro dos Números para fundamentar a mudança de postura dos israelitas. Nm 12,1 afirma que os irmãos de Moisés, Maria e Aarão, murmuram contra Moisés por ter se casado com uma cuchita, termo que significa "etíope". Todavia, em Hab 3,7, Cusã é citado ao lado de Madiã. Talvez, essa diferença bíblica testemunhe, somente, uma variante da tradição sobre o matrimônio de Moisés com Séfora. Do ponto de vista literário, porém, essa mudança é significativa, pois "legitima" os israelitas a moverem uma guerra contra os madianitas (cf. Nm 25), sem que Moisés tenha tomado as dores do povo que o acolheu (FISCHER, 2006, pp. 130-131).

e os dois filhos dela:ˡ o nome do primeiro era Gérson, porque dissera:ᵐ ᵛ·³ "eu fui estrangeiro em terra estranha".ⁿ

ˡ Ex 4,20 afirma que Moisés levou Séfora e os seus dois filhos para o Egito. Depois dessa notícia, enquanto Moisés age no Egito, não se fala mais nos seus familiares. Segundo Ex 18,2-4, a mulher e os filhos de Moisés não se encontravam com ele quando os israelitas saíram do Egito. Séfora teria ficado insatisfeita com Moisés por algum motivo e por isso retornou para a tenda do pai? Ou Moisés, percebendo os riscos, os teria enviado por questão de segurança? Quem recolocou Jetro em cena no livro do Êxodo buscou reatar o elo perdido da tradição sobre Moisés, a sua esposa e os seus filhos. Não se deve pensar que Jetro devolveu a filha e os netos a Moisés em função de um dote dado pelo seu genro. Esse dote não houve, em tese, mas houve uma substituição dele com a entrada de Moisés para o serviço de Jetro, que percebeu a vantagem em ter Moisés como seu genro (cf. Ex 2,20-21). A devolução da filha e netos, que foi feita por Jetro, denota a importância da família e serviria para mostrar a insensatez da fala e dos gestos que Labão teve em relação a Jacó (cf. Gn 31,31.43). Jetro não usurpou de um direito pessoal e de propriedade que pertencia a Moisés. Jetro não veio reivindicar, tampouco, que Moisés retornasse para a sua tenda e que continuasse a servi-lo como antes da sua partida. Afinal de contas, Moisés tinha pedido permissão para ver se os seus irmãos ainda estavam vivos e não para se tornar o líder dos libertos (cf. Ex 4,18). Assim, ao trazer Séfora e os netos, Jetro estaria desvinculando Moisés de qualquer obrigação moral ou de um número de anos em função do dote não efetuado por Moisés para se casar com Séfora. A praxe na Antiguidade justifica a falta de alusão explícita no texto. Se, no momento do casamento de Moisés com Séfora, não houve uma procissão matrimonial para a tenda do noivo, nesse episódio estabelece-se uma procissão de Jetro, com a sua filha e com os seus netos, na direção de Moisés, o qual, agora, tem uma tenda e pode receber, dignamente, a sua família.

m Embora seja o narrador a dar as explicações para os nomes dos filhos de Moisés, retardando, temporariamente, a evolução normal da cena, a fala pode ser atribuída a Moisés, pois a notícia remete a Ex 2,22.

n O nome Gérson vem da combinação hebraica גֵּר + שָׁם, *ser estrangeiro em algum lugar* (cf. Gn 35,27), e tem a ver, nesse caso, com a presença de Moisés em Madiã, junto a Jetro e sua família, mas evoca, sobretudo, a experiência vivida pelos patriarcas (cf. Gn 15,13; 23,4). Na tradição bíblica, em particular entre os profetas, não era incomum nomear os filhos de acordo com as situações vividas, vigentes ou que serviam de sinal profético para o povo (cf. Os 1,4.6.9; Is 7,3; 8,3).

v. 4 E o nome do outro era Eliezer, "porque o Deus do meu pai*º* foi meu auxílio e me livrou da espada do Faraó".*ᵖ* º A referência ao *Deus do meu pai* tem a ver com a manifestação do Senhor a Moisés no Horeb: *Eu sou o Deus do teu pai* (אָנֹכִי אֱלֹהֵי אָבִיךָ: Ex 3,6a). Todavia, apesar do uso singular, a interpretação contempla a referência aos três patriarcas: Abraão, Isaac e Jacó (cf. Ex 3,3b.13.15-16).

ᵖ O nome Eliezer vem da combinação hebraica אֵל + יַעְזֹר (cf. Is 50,7.9): *meu Deus é socorro* ou *Deus socorreu*. Este nome tem a ver com a lembrança da salvação concedida por Deus a Moisés, ao conseguir escapar com vida do Egito e das mãos do Faraó; mas evoca, também, a lamentação de Abraão, temendo deixar a sua herança para um "servo": Eliezer de Damasco (cf. Gn 15,3). Quanto ao sentido dado para o nome Eliezer, não há uma referência paralela em um texto anterior. O ouvinte-leitor, somente agora, conhece o nome do segundo filho de Moisés. A fala do narrador parece supor um interlocutor que não sabe como o termo deve ser interpretado, do contrário não faria sentido dar a explicação. Pode-se pensar que Eliezer nasceu antes da revelação do Senhor e do seu Nome a Moisés no Monte Horeb. Isso justificaria o nome teofórico elaborado com o epíteto El e não com o Tetragrama Sagrado, YHWH. Moisés, por esse nome, atribuiu a Deus o auxílio que recebeu diante dos perigos que sofreu no Egito. A morte pela espada, mencionada em um texto (cf. Ex 2,15), poderia ter sido decretada, pelo Faraó, no momento em que se tornou pública a notícia do assassinato cometido por Moisés. Foi uma sentença de morte decretada contra Moisés.

Então Jetro, sogro de Moisés, veio com os filhos e a mulher deste até v. 5 Moisés rumo ao deserto,ᵠ onde ele estava acampado, lá na montanha de Deus.ʳ

ᵠ Jetro não temeu deixar a sua tenda e vir ao encontro de Moisés no deserto. A notícia sobre os feitos favoráveis do Senhor garantiria a segurança dos bens e dos familiares de Jetro, que permaneceram em sua terra. Afinal, Jetro tinha, pelo menos, outras seis filhas (cf. Ex 2,16). Moisés podia ser considerado o filho que Jetro não tivera.

Daí todo o apreço do sogro pelo genro, em uma relação tipicamente filial. Pela vitória sobre Amalec, o deserto não oferecia mais perigo. Jetro se guiou pelos "passos" de Moisés. Se não houvesse segurança, Jetro estaria colocando a vida de Séfora e de seus netos em risco.

r A identificação: *onde ele estava acampado, lá na montanha de Deus*, evita qualquer dúvida quanto ao local específico e remete o ouvinte-leitor ao local da experiência que mudou a vida de Moisés. A referência à *montanha de Deus* pode servir como critério literário distintivo, pois ela não é citada em relação ao termo Senhor, local para o qual se dirigiriam os povos a fim de serem instruídos na Lei (cf. Is 2,3; Mq 4,2). Jetro deveria saber o local exato no qual se encontravam Moisés e os libertos do Egito, pois caminhou pelo deserto até chegar ao acampamento. Com isso, cria-se um problema particular, porque Moisés e os israelitas teriam chegado ao local determinado por Deus somente em Ex 19,1. Uma saída para a questão seria ver a referência à *montanha de Deus* com a função explicativa ou antecipadora, para que o ouvinte-leitor perceba que Moisés e os libertos do Egito já estavam nas proximidades do Monte Sinai. Desta feita, quando Moisés conduziu o rebanho de Jetro, deserto adentro, tinha em mente conhecer uma montanha específica (cf. Ex 3,1).

v. 6 E disse para Moisés: "Eu, Jetro, teu sogro, venho a ti, com tua mulher e teus dois filhos com ela".**s**

s Este versículo retoma as informações contidas nos versículos 1-5, com o propósito de dizer que o plano determinado por Jetro foi alcançado. Ele chegou ao local, com a sua filha e os seus netos, exatamente como tinha planejado. A fala de Jetro, dirigindo-se a Moisés, aconteceu fora da tenda ou até mesmo fora do acampamento. Jetro era conhecido de Moisés, mas não era conhecido dos israelitas. Jetro se comporta, pelo que diz ou manda dizer a Moisés, como alguém que sabe seguir o protocolo. Fazer-se anunciar era o mais comum e correto nessa situação. Jetro, porém, vindo acompanhado de Séfora e dos filhos de Moisés, garantiria que ele não seria considerado um inimigo ou um intruso. Pode-se supor, pela narrativa, que a guerra contra Amalec e o seu povo ainda fazia parte do momento de tensão.

v. 7 Moisés saiu ao encontro do seu sogro,ᵗ prostrou-seᵘ e beijou-lhe;ᵛ indagaram um ao outroʷ pelo "Shalom!";ˣ e entraramʸ na tenda.ᶻ

ᵗ A reação de Moisés foi condizente com a de Jetro, pois ele não mandou buscá-los. Ele, pessoalmente, veio ao encontro da sua família. Um gesto que antagoniza com Ex 17,8-16, pois Moisés não foi ao encontro de Amalec, mandou Josué dar-lhe combate. Moisés, como Jetro, pôde se expor, porque não havia perigo de morte. Ao lado disso, o verbo, *e saiu* (וַיֵּצֵא), lembra o feito portentoso que motivou Jetro a encontrar com Moisés. É o verbo que está na base da vocação e da missão de Moisés (cf. Ex 3,10-12). Dada a sua importância, de Ex 3,10 a 18,7, esse verbo foi usado cinquenta e nove vezes.

ᵘ O Pentateuco Samaritano, talvez por escrúpulo, modificou a leitura, fazendo Jetro se prostrar diante de Moisés e não o contrário. Em contrapartida, a ação de Moisés, diante da revelação de Deus, foi a de cobrir o rosto (cf. Ex 3,6). O gesto feito por Moisés revela a profunda reverência que ele devotava ao seu sogro: um gesto de submissão diante de alguém considerado superior ou de um "filho" diante do seu "pai". Diante de todos, Moisés exaltou Jetro e o colocou em uma posição à altura de uma divindade, pois, na maioria dos casos, o verbo hebraico חָוָה indica a adoração que se presta a Deus, aos deuses ou aos ídolos. Ao contrário de Abraão (cf. Gn 18,2) e de Ló (cf. Gn 19,1), que se curvaram diante de seres celestes, sem o saberem, Moisés sabia que estava se curvando diante de um ser humano com prerrogativa: era um sacerdote, isto é, representava o sagrado. A diferença entre os gestos dos patriarcas e o de Moisés residia em dois fatos: Jetro era sacerdote e era o seu sogro, admitido como um pai e protetor. Por detrás desse gesto, também, Moisés estaria se auto-humilhando por não ter ido ao encontro de Jetro em sua tenda. Fatos que justificavam a sua atitude reverencial. Além disso, curvar-se diante de um sacerdote significa, no contexto da narração, expor-se ao sagrado. Moisés, com isso, não fez distinção entre o sagrado que Jetro representava e o Senhor para o qual estava conduzindo o seu povo. Moisés não estava cometendo um gesto blasfemo ou idolátrico. A ação de prostrar-se diante de um homem, no contexto narrativo, ocorreu várias vezes: Aarão narrou a intenção do Senhor, que vocacionou e comissionou Moisés, e os anciãos dos filhos de Israel se prostraram (cf. Ex 4,31), realizando um gesto de adoração (sem indicar a quem). O povo também se prostrou e adorou (sem indicar a quem), na instrução sobre o rito da páscoa a ser transmitido de geração em geração (cf. Ex 12,27). O Egito curvou-se diante de Moisés, como se curva diante de um deus, por causa dos feitos operados por suas mãos e em sinal de rendição (cf. Ex 11,8). Após a prostração de Moisés, diante de Jetro, o livro do Êxodo apresenta um passo ulterior: o Senhor, no contexto legislativo do Decálogo e da Aliança, proibiu que alguém se prostrasse diante de ídolos e deuses (cf. Ex 20,5; 23,24; 34,14). Essa ordem foi violada na adoração ao bezerro de ouro (cf. Ex 32,8). Mais tarde, o povo liberto se curvou, sem pecar, quando viu a coluna de nuvem (cf. Ex 33,10). Enfim, Moisés se curvou, profundamente, diante do Senhor, quando experimentou a sua bondade (cf. Ex 34,8).

ᵛ Um dado curioso: o narrador não mencionou nenhum tipo de reação ou afeto de Moisés em relação à sua esposa e aos seus filhos. Os afetos são manifestos somente em relação ao sogro. Afetos que vão além da formalidade, mas denotam a reverência que foi manifestada por Jetro, com relação ao seu genro, e que, por sua vez, foi correspondida com devoção por Moisés. Pode-se pensar em uma atitude de um inferior reverenciando um superior, mas, também, em uma troca de saudação que revela amizade, intimidade e profundo amor entre Jetro e Moisés. A saudação evocava e ratificava a força do vínculo familiar.

w A construção וַיִּשְׁאֲלוּ אִישׁ־לְרֵעֵהוּ לְשָׁלוֹם é única na Bíblia Hebraica. Em certos textos, encontra-se a locução: אִישׁ־לְרֵעֵהוּ, que pode significar *um contra o próximo/outro* (cf. 1Rs 8,31; 2Cr 6,22), ou *um para o outro* (cf. Jr 23,27; 34,15; Zc 3,10; Est 9,19.22), dependendo, fortemente, da regência verbal. Daí que a tradução, nesse versículo, tenha o seguinte sentido: *se interrogaram como cada um estava prosperando*. Algo do tipo: "como estão as coisas, prosperando?". O gesto tornou a saudação mais longa, íntima e pessoal.

x O termo שָׁלוֹם é um dos mais importantes em toda a Bíblia Hebraica (267 variações de construção preposicionada em, aproximadamente, 238 versículos). O termo, primariamente, significa paz, mas evoca uma gama de conceitos simples ou compostos: segurança, harmonia, integridade, prosperidade, ausência de conflitos (em particular a guerra) e realização dos projetos. Todas essas acepções referem-se ao desejo de sucesso nas ações realizadas ou planejadas. Tudo isso condiz, perfeitamente, com o momento do reencontro de Moisés com Jetro, no qual há um mútuo interesse pelo bem-estar, expresso e condensado nesse termo. Todavia, o verdadeiro שָׁלוֹם está associado à bênção divina. Na ótica da narrativa, essa bênção resultará da aliança selada entre o Senhor e o povo através de Moisés. Estar na presença do Senhor é o que garante o שָׁלוֹם, pois o Senhor é a sua fonte. Nesse versículo, שָׁלוֹם pode ser a renovação dos laços familiares de Moisés com Jetro, simbolizando os futuros laços a serem selados entre Deus e o seu povo na Aliança do Sinai.

y O Pentateuco Samaritano, o códice do Vaticano, o códice Coielinianus e um códice escrito com caracteres minúsculos da LXX trazem o verbo no singular e com sufixo de terceira pessoa do masculino singular (*e o introduziu*), dando a entender que Moisés fez, devidamente, o seu papel no acolhimento do seu sogro. É o dono da tenda quem introduz, nela, o seu hóspede. Já o códice Alexandrino, o códice Ambrosiano e um códice também escrito com caracteres minúsculos da LXX, harmonizam ainda mais o texto, porque trazem o sufixo na terceira pessoa do plural (*e os introduziu*), indicando que Moisés recebeu e introduziu, na sua tenda, Jetro, a sua esposa e os seus dois filhos.

ᶻ Pela primeira vez, o narrador informa o ouvinte-leitor que Moisés possuía uma tenda. A condição de Moisés mudou. Moisés não era mais um pastor de animais, mas o líder dos libertos, dos que atravessaram o Mar dos Juncos e, com isso, deixaram o Egito e a opressão para trás, a fim de se tornarem o rebanho do Senhor, que os libertou, e com o qual eles habitarão. A condição do שָׁלוֹם para Moisés prepara o שָׁלוֹם para o povo. A tenda é um elemento importante no episódio. Na narrativa sobre o maná, o povo deveria recolher o necessário e levar para a sua tenda (cf. Ex 16,16). Após as referências, sobre a tenda do povo e a tenda de Moisés, o termo tenda (אֹהֶל) ganhou exclusividade e passou a significar, no livro do Êxodo, a tenda do Senhor ou tenda da reunião (אֹהֶל מוֹעֵד). São trinta e quatro usos da locução só de Ex 27,21 a 40,35. Já em Ex 26,7.9.11-14.36, אֹהֶל também diz respeito à tenda a ser levantada para o Senhor. Entrar na tenda é sinônimo de partilhar a mesma sorte, os mesmos dons e o mesmo destino do seu dono.

ᵛ· ⁸ Então, Moisés enumerou,ᵃᵃ para o seu sogro, tudo o que o Senhor fizera ao Faraó e aos egípcios, por causa de Israel,ᵇᵇ comᶜᶜ toda a tribulação que viera ao encontro deles no caminho,ᵈᵈ e da qual o Senhor os libertara.ᵉᵉ

ᵃᵃ A brevidade do versículo contrasta com a quantidade de feitos operados pelo Senhor. O narrador não teve a necessidade de relatar tudo de novo ou de elaborar uma síntese sobre esses feitos. Ex 18,1 já informara, para o ouvinte-leitor, que Jetro ouviu tudo o que Deus fizera por Moisés e pelos israelitas, enfocando a libertação como saída do Egito. A ênfase nesse versículo recai sobre Moisés, que enumera tudo para o seu sogro. Ele se torna o "catequista" de Jetro. Pelo verbo וַיְסַפֵּר, que vem da raiz ספר e origina os termos: *escrito*, *livro, escriba, censo, número* etc., tem-se uma base suficiente para expressar a riqueza do que foi narrado. Tudo o que Moisés disse tem conotação e peso de memórias colocadas por escrito em um livro. Isso, semanticamente, estabelece um vínculo temático com o final do episódio precedente (cf. Ex 17,14).

O narrador é sintético, mas completo, porque nada foi negligenciado. Esse versículo é uma pausa breve na narração, que provoca, no ouvinte-leitor, a necessidade de lembrar as etapas e os feitos operados pelo Senhor a favor do seu povo. Diante de um não israelita, a fé no Senhor foi professada. Moisés desponta, nesse versículo, como uma testemunha qualificada; com ele tem início uma tradição viva sobre as maravilhas operadas pelo Senhor, contadas também para pessoas não pertencentes ao número dos eleitos, mas que provocaram a reação desejada em Jetro, que não ficou indiferente a tudo o que ouviu. Algo bem atestado em vários textos (cf. Js 24,27; Jz 6,13; 1Rs 8,21.53.57-58; Ne 9,9; Sl 22,5; 44,2; 78,3).

bb As notícias desse versículo estão relacionadas, diretamente, à segunda parte do primeiro versículo, no que tange às motivações suscitadas em Jetro. A correlação entre causa e efeito fica bem determinada. Tudo o que foi operado pelo Senhor expressa a sua vontade, mas ajuda o ouvinte-leitor a retornar ao ponto de partida, isto é, ao momento em que Moisés foi chamado e comissionado pelo Senhor. Testemunhando os feitos para Jetro, Moisés estava justificando, positivamente, a sua saída da "tenda" do seu sogro. Se o pedido inicial, de Moisés para Jetro, foi para ver se os seus irmãos ainda estavam vivos, a enumeração dos fatos libertadores explicita quem os permitiu viver e como foram salvos das mãos daquele que os queria exterminar pela opressão e duros trabalhos. Os detalhes da vocação e da missão, que faltaram em Ex 4,18, foram enriquecidos com as maravilhas narradas por Moisés para Jetro.

cc É possível considerar את como preposição, *com*, e não como partícula que introduz um objeto direto. Desse modo, fica evidenciado que as primeiras dificuldades enfrentadas, após a travessia do Mar dos Juncos, deram prosseguimento às façanhas divinas a favor do povo, favorecendo dizer, mais uma vez, que *o Senhor os libertou*. No fundo, o conteúdo dessa fala de Moisés para Jetro é uma efusiva afirmação de que a libertação aconteceu somente porque o Senhor agiu através dele.

dd A libertação do Egito não significou isenção de novas dificuldades, mas se tornou a ocasião para o Senhor demonstrar a sua presença e ação constantes na vida do seu povo. A citação da tribulação, que lhes veio ao longo do caminho, recupera a narrativa dos quatro episódios anteriores sobre as necessidades superadas nessa primeira etapa da marcha pelo deserto: sede-fome-sede-guerra (cf. Ex 15,22–17,16).

ee O verbo וַיַּצִּלֵם no hifil (da raiz נצל) não é sem razão na narrativa. A afirmação antecipa outros episódios. Moisés evidenciou, para Jetro, que a vitória sobre as primeiras dificuldades, na dinâmica da vitória sobre o Egito, foi uma ação causada pelo Senhor a favor do seu povo. O Senhor é o real protagonista dos feitos operados no Egito. Todavia, esta fé, segundo a tradição bíblica, não foi professada no primeiro momento da conquista; o povo temeu e, novamente, murmurou contra Moisés e o Senhor decidiu que todos deveriam permanecer no deserto, até que toda a geração perversa cedesse lugar à nova geração nascida no deserto (cf. Nm 13,1–14,45; Dt 1,19-33).

O resumo que Moisés fez sobre os feitos do Senhor revela entusiasmo. Por um lado, narrar os feitos é dar a si mesmo a oportunidade de revivê-los. Por outro lado, é dar a quem ouve a oportunidade de experimentá-los. Nisto consiste um testemunho: atualizar a obra do Senhor na própria vida e na vida de todo aquele que se dispõe a ouvir e a celebrar o que ouviu. Ao dizer *e da qual o Senhor os libertara*, Moisés atestava para Jetro quem é YHWH: é salvação que liberta e é libertação que salva.

v. 9 Jetro fascinou-se[ff] com tudo de bom que o Senhor fizera para Israel, porque o libertara das mãos dos egípcios.[gg]

ff A LXX não se distancia do Texto Massorético, ao dizer que Jetro *ficou estupefato* (ἐξέστη δὲ), visto que o verbo וַיִּחַדְּ (da raiz חָדָה, que é rara na Bíblia Hebraica, cf. Jó 3,6; Sl 21,7 no piel), significa, além de "alegrar-se", "ver" ou "contemplar" com o sentido de examinar algo ocorrido (YAMAUCHI, 1998, pp. 427-428), querendo significar o feliz impacto causado pela notícia sobre as ações realizadas pelo Senhor a favor de Moisés e de seu povo.

gg A notícia se repete, insiste-se sobre o feito portentoso. Jetro, pelo que ouviu dos lábios de Moisés, não só constatou que os "irmãos" de seu genro estavam vivos (cf. Ex 4,18), mas que Moisés tinha sido um valioso instrumento nas mãos de seu Deus, para que acontecesse a libertação do povo oprimido no Egito. A "catequese" feita por Moisés ecoou positivamente no íntimo de Jetro. A reação de Jetro serviu para o narrador incutir no ouvinte-leitor a adesão e o comportamento que este deve ter diante das maravilhas operadas pelo Senhor e proclamadas por quem as testemunha. Cabe dizer, aqui, outra vez: o conhecimento determina o comportamento. O que se passou com Jetro torna-se, assim, um exemplo para os israelitas e para todos os que ouvirem quão grandiosas são as obras do Senhor. Ele salva os que nele confiam (cf. Is 64,3; Sl 28,6).

E Jetro exultou:[hh] "Bendito seja o Senhor,[ii] que vos libertou das mãos dos egípcios e das mãos do Faraó, que libertou o povo debaixo das mãos dos egípcios.[jj] v. 10

hh Esta segunda reação de Jetro sublima a primeira. O efeito produzido no seu interior extravasa, ao que Jetro exultou de alegria pelo testemunho que ouviu de Moisés. Pode-se dizer que o feito realiza em Jetro um autêntico שָׁלוֹם. O bem que o Senhor operou a favor de Israel, pela terceira vez narrado, não quer deixar dúvidas quanto à sua importância e necessidade para a história do povo eleito.

ii A locução בָּרוּךְ יְהוָה ocorre vinte e sete vezes na Bíblia Hebraica. São muitas as ocasiões que podem levar uma pessoa a dizer: *Bendito seja o Senhor*. Já a locução בָּרוּךְ יְהוָה אֲשֶׁר só ocorre quatro vezes, e בָּרוּךְ יְהוָה אֲשֶׁר הִצִּיל somente nesse versículo. Todas as ocorrências da locução dizem respeito a um feito do Senhor, em particular uma ação salvífica, a favor de um indivíduo ou do povo. O Salmo 124, atualizando, provavelmente, a memória dos feitos gloriosos do Êxodo, utiliza a mesma locução no versículo 6. Um dia, porém, os povos, que eram inimigos do povo eleito, se tornarão motivo de louvor para o Senhor (cf. Is 19,25).

jj A insistência no feito revela a opção pelo motivo que acompanhará a lembrança de Israel por toda a sua existência. A libertação do Egito tornou-se o paradigma de toda e qualquer ação divina a favor do seu povo, em qualquer época ou lugar; em particular quando viveu o seu novo êxodo em Babilônia. Assim como Israel foi resgatado das mãos do Faraó e dos egípcios, pelas mãos poderosas do Senhor, de igual maneira, o ouvinte-leitor (em particular os exilados) deve aprender a confiar, confessando a sua fé nessa assistência eficaz e libertadora.

v. 11 Agora, eu sei[kk] que o Senhor é grande[ll] entre todos os deuses,[mm] porque manteve a palavra[nn] quando foram arrogantes contra eles".[oo]

kk Pela expressão de Jetro – *agora, eu sei* – não se têm dados suficientes para afirmar de que se tratava da sua conversão ao Deus de Moisés. A tradição judaica, porém, viu nessa afirmação a conversão de um pagão à fé de Israel, a fim de exaltar e evidenciar o monoteísmo. Trata-se, por certo, de uma confissão, na qual o Senhor é reconhecido, por Jetro, graças aos seus feitos. Houve, contudo, quem visse nessa confissão muito mais do que uma conversão, considerou-se uma antiga tradição sobre uma possível aliança entre os madianitas e os israelitas, girando em torno do conhecimento de Deus como YHWH (CODY, 1968, pp. 153-166; HYATT, 1971, p. 187; CHILDS, 1974, p. 329).

ll A afirmação, *que o Senhor é grande entre todos os deuses*, possui paralelos. Quatro citações estão ligadas, intrinsecamente, a um contexto e fala sacerdotal (cf. 1Cr 16,25 e Sl 96,4 são textos paralelos;

95,3; 135,5). Não há dúvidas de que o interesse da afirmação, dentro de uma cultura politeísta, era o de demonstrar a superioridade do Senhor, Deus de Israel, sobre os deuses dos outros povos. Essa grandeza estava associada às vitórias bélicas, e, no caso do povo eleito, acentuava, fortemente, o quanto o Senhor se importava e combatia por ele (cf. Ex 14,14.25). O Sl 95, de índole processional, ao mesmo tempo, exaltava a grandeza do Senhor, evocava a lembrança dos feitos no deserto, no qual ele se queixou pelas atitudes que testemunhavam contra Israel no período do êxodo. Já o Sl 135 é um hino de louvor ao Senhor no qual se recapitulam as maravilhas operadas a favor do seu povo. Enfim, no Sl 145, além da afirmação *grande é o Senhor*, a dinâmica tem o forte tom de recapitulação do êxodo, mas, igualmente, sublinha a necessidade de apregoar, de geração em geração, as maravilhas do Senhor, que é digno de louvor e de adoração por seus feitos. Talvez Ex 18,11, nos lábios de Jetro, sirva de lição para o povo já acomodado na sua fé ou desiludido com ela, pois a glorificação vem de alguém não somente ligado ao ofício sacerdotal, mas de um madianita.

mm Ao criar a distinção, baseada nas ações, entre o Senhor e os deuses, Jetro não estaria excluindo a sua fé ou a fé dos povos nos seus deuses, mas dando ao Senhor a primazia sobre eles. A confissão de Jetro pode ser considerada de distinção, mas, no fundo e pela trama narrativa, serviria para fundamentar e preparar o futuro credo monoteísta em Israel. No termo Elohîm, com o significado de deuses, ficava também patente, no âmbito da comparação, o sentido majestático, quando esse mesmo termo é atribuído ao Senhor: "Deus dos deuses".

nn O sentido da oração tende a justificar os feitos do Senhor contra o Egito que, na pessoa do Faraó, manteve-se obstinado e disposto a continuar oprimindo os filhos de Israel. O Senhor se manteve fiel à sua palavra, não obstante todas as exortações e todos os sinais, operados por meio de Moisés, para livrar o seu povo do Egito.

oo O texto em hebraico parece estar incompleto. Outra tradução possível: *exatamente na ocasião em que foram tiranos contra eles*. Na LXX, também, existe a dificuldade com esse versículo: *agora reconheço que grande é o Senhor, mais do que todos os deuses, por isso que os tinham investido* (νῦν ἔγνων ὅτι μέγας κύριος παρὰ πάντας τοὺς θεούς ἕνεκεν τούτου ὅτι ἐπέθεντο αὐτοῖς). A última frase teria um sentido de explicação para o reconhecimento de Jetro sobre a grandeza do Senhor.

v. 12 Então, Jetro, sogro de Moisés, ofereceu[pp] um holocausto e sacrifícios para Deus,[qq] e Aarão veio, e todos os anciãos[rr] de Israel,[ss] para comer pão, com o sogro de Moisés, na presença de Deus.[tt]

pp Literalmente o verbo וַיִּקַּח significa *tomou*. A versão Siríaca e o Targum trazem outro verbo: *e aproximou-se* (וקרב), querendo evitar uma ação direta de Jetro como oficiante do sacrifício. Gn 22,3 e 2Rs 3,27 são dois textos bem próximos a Ex 18,12, devido ao seu contexto sacrifical. No primeiro, Abraão prepara tudo para imolar seu filho Isaac, como prova de total obediência a Deus. No segundo, Mesa, rei de Moab, revoltou-se contra Israel, após a morte de Acab, para se livrar da sua condição de vassalo. Todavia, Mesa, vendo-se derrotado, imolou o seu filho ao deus Camos junto à muralha para impedir o assédio de Israel à cidade-capital.

qq Jetro reconheceu os benefícios operados pelo Senhor e ofereceu um sacrifício a esse Deus, visto que era sacerdote de Madiã. Jetro, ao se render ao modo como o Deus de Moisés agiu através dele, mostrou que era um homem versado no que "agradava" ou "desagradava" à divindade. Moisés começou a ser, também, um homem que conhecia Deus e os seus desígnios, mas possuía, igualmente, uma grande reverência por seu sogro e por aquilo que o tornava especial no meio dos homens: era um sacerdote. Esta ação sacrifical é insólita, para o momento, e causa problemas em relação ao que precede, mas não no que diz respeito ao andamento da narrativa. Diversas vezes Moisés compareceu diante do Faraó, e um mesmo pedido se repetiu: *deixa-nos ir a três dias de marcha pelo deserto para oferecer sacrifícios ao nosso Deus* (cf. Ex 5,3.8.17; 8,23-24; 10,8-9.11.24-26; 12,31-32). Moisés e os israelitas deveriam sacrificar ao Senhor usando as suas ovelhas e os seus bois. Se foi assim, como justificar, já que eles possuíam rebanhos, a murmuração pela falta de carne (cf. Ex 16)? Teria o sacrifício de Jetro a ver com o futuro sacrifício que Moisés ofereceria para selar a aliança (cf. Ex 24,5)? Qual a relação entre o pão partilhado por Jetro com Aarão, os anciãos e Moisés, sinal de comunhão, com o maná recebido e com as codornizes (cf. Ex 16)?

rr O Pentateuco Samaritano traz וּמִזִּקְנֵי (*dentre os anciãos*), no lugar de וְכֹל זִקְנֵי (*e todos os anciãos*). A formulação וּמִזִּקְנֵי ocorre, somente, duas vezes, na Bíblia Hebraica, aqui e em Jr 19,1.

ss O narrador, fazendo os anciãos de Israel participarem do banquete de comunhão, preparou o próximo episódio, no qual Moisés, seguindo o conselho de Jetro, dividiu o fardo da administração da justiça e do direito com homens capazes de julgar as questões suscitadas no meio do povo. O termo anciãos estabelece, igualmente, um vínculo com Ex 17,5.6.

tt No lugar do banquete nupcial, que não ocorreu quando Moisés casou-se com Séfora, por não ter a sua própria tenda, tem-se, nesse versículo, o banquete "nupcial" de um povo prestes a ser "esposado" com o Senhor através de Moisés, ministro da aliança selada no Monte Sinai. O pão, que celebrou esta ceia, e os sacrifícios recuperam, para trás, o dom do maná e das codornizes, e, para frente, antecipam a refeição sagrada entre o Senhor e os que, com Moisés, subiram o monte santo (cf. Ex 24,9-11).

Uma reunião solene diante do Senhor, contando com a participação dos anciãos de Israel e as lideranças do povo, acontecerá na renovação da aliança (cf. Js 24,1).

Atualização pastoral

Jetro ouviu e acolheu os benefícios do Senhor

A dinâmica pastoral contida em Ex 18,1-7 ocorre em relação à pessoa de Jetro: sacerdote e sogro de Moisés; e ocorre em relação às suas ações: *ouviu tudo, tomou Séfora e seus netos e foi ao encontro de Moisés no deserto.*

Pelo contexto, os israelitas não só tinham saído do Egito, graças à mão forte do Senhor, mas também tinham sido auxiliados em suas primeiras e básicas necessidades: sede, fome e sede. Além disso, pelas habilidades de Josué e pela ação intercessora de seu líder Moisés, junto com Aarão e Hur, os israelitas, como libertos, tinham vencido a sua primeira batalha, no deserto, contra Amalec e o seu povo. Quem se viu livre do Faraó não desejava cair nas mãos de oportunistas. Foi um somatório de maravilhas operadas por Deus, através de Moisés, que, por um lado, deram aos israelitas a libertação do Egito, mas, por outro lado, mostraram que essa libertação proporcionou-lhes iniciar uma marcha bem assessorada e assistida pelo seu Deus.

O reencontro de Jetro com Moisés, dentro desse contexto, torna-se um episódio catequético para o ouvinte-leitor. Este não só percebe Deus agindo através de Moisés, mas pode perceber, também, o alcance das ações divinas e das ações humanas. Jetro aparece como um exemplo de quem sabe ouvir e tomar decisões a partir do que ouviu. Ele não ficou indiferente à comunicação dos benefícios que Moisés e o seu povo receberam de Deus. Ele sentiu o desejo de compartilhar tais benefícios e interagir, novamente, com o seu genro e a sua gente.

Jetro, apesar de não pertencer ao povo liberto, aparece na narrativa como alguém que se deixa atrair pelos feitos de Deus. A vinda de Jetro, ao encontro de Moisés, estava devidamente motivada. Ela estava associada aos feitos divinos e aos vínculos que Jetro possuía com Moisés. Esse vínculo tem nomes próprios: Séfora é filha de Jetro, mas é a esposa de Moisés; Gérson e Eliezer são netos de Jetro, mas são os filhos de Moisés. Jetro devolve a Moisés o que lhe pertence por direito e não reivindica o retorno de Moisés para a sua tenda em Madiã. Moisés é um homem livre para seguir o seu caminho, desde que leve, consigo, os seus maiores bens: a mulher e os seus filhos. Que eles aprendam a servir e a seguir o Deus ao qual Moisés pertence e obedece.

O vínculo familiar, então, devia ser reatado. Os membros dessa família precisavam se unir novamente em torno do chefe da família. Se houve, mesmo o texto não dizendo ou esclarecendo algo a respeito sobre a necessidade prévia de uma separação, essa deve ser interpretada como momentânea e, pode-se pensar, que foi fruto da prudência de Moisés, que não quis arriscar a vida da sua esposa e dos seus filhos em um Egito hostil e violento.

Nesse sentido, pode-se advogar a favor de Moisés, mas ele teve de retomar a sua esposa e os seus filhos. Ele não foi constituído somente líder do seu povo, mas, se o pode fazer, foi graças a Jetro, que o tinha acolhido em seu lar e tinha se ligado a ele pela filha, que lhe deu por esposa, e pelos filhos que nasceram dessa união. Existe um forte senso de gratidão.

Os vínculos de Moisés, assumidos antes da sua vocação e missão, não poderiam ser desfeitos. Nem mesmo Deus exigiu de Moisés tal atitude. A família possui um direito inalienável que é defendido pelo próprio Deus: *Por isso, o homem abandonará o seu pai e a sua mãe e se unirá com a sua mulher e os dois formarão uma só carne* (Gn 2,34). Inadmissível que o futuro legislador de Israel violasse tão sublime mandamento do Senhor.

Moisés recebeu, novamente, a sua esposa e os seus filhos no deserto pelas mãos de Jetro. Ele não repudiou a sua esposa, não encontrou nada de inconveniente nela (cf. Dt 24,1.3; Ml 2,14-16), e não se valeu da sua nova condição de líder para não ficar com ela e com os seus filhos. Nisto, Moisés demonstra ser um homem de valor e íntegro.

Segundo a tradição bíblica, o que se passava na vida de Moisés podia se tornar lei ou tornava-se um exemplo para as famílias que saíram com ele do Egito, mas, principalmente, para formar as futuras gerações que se instalariam na Terra Prometida. Assim sendo, o episódio inibe um ato de repúdio, simplesmente, em nome da raça ou religião. O matrimônio de Moisés com uma madianita continuou válido e ficou salvaguardado pelas atitudes de Jetro, que, diante das autoridades (cf. Ex 18,12), reconheceu a grandeza do Senhor e os benefícios que ele realizou pelo seu povo. Os atos de Jetro apelam para um sentido de comunhão entre o antes e o depois da libertação operada pelas mãos de Moisés. Os feitos do Senhor, através de Moisés, não se tornaram motivo para a separação familiar, pois o que Deus uniu ninguém pode separar. Moisés, em outras palavras, não teve que deixar a sua esposa e os seus filhos para continuar servindo ao Senhor.

Esse texto, de algum modo, não aceita que um israelita despeça a sua esposa estrangeira por ser uma madianita. As ordens do Senhor, sobre os matrimônios mistos, diziam respeito à proibição da união dos libertos com os povos residentes em Canaã (cf. Dt 7,3-4; Esd 9,1-2). Por detrás dessa proibição estava a preocupação de "contaminação" religiosa, causando o desvio da fé em relação ao Senhor (cf. Lv 18,3-4; Jz 2,1-5; Sl 105,34-35). Devido à "profissão de fé de Jetro", não haveria riscos de contaminação religiosa, visto que o sogro de Moisés proclamara o Senhor acima dos outros deuses. Na dinâmica da Torá, isso deveria ter acontecido pela presença de Israel na terra de Canaã. Pelo testemunho, Israel deveria levar os povos cananeus, residentes "antes" dele, à fé e ao conhecimento do Senhor que os libertara da opressão.

Para o povo de Deus, em marcha pelo deserto, o episódio da vinda de Jetro até Moisés, trazendo-lhe a sua esposa e os seus filhos, servia como elemento agregador, pois Moisés recebeu-os de volta. Por detrás disso, estava uma mensagem sublime: o povo poderia suportar as situações difíceis do deserto e, mais tarde, dentro da

Terra Prometida, se lutasse pela união familiar. O seio da família reestruturado era a melhor forma de vencer os efeitos da dispersão causada pela marcha no deserto. Moisés libertou os israelitas, mas manteve o seu vínculo familiar. A lição da libertação encontrava-se com a lição da luta pela unidade da família, que é a base para um povo se organizar em sociedade pela Lei recebida no Monte Sinai e, assim, se manter na liberdade recebida como dom.

Jetro ouviu Moisés e proclamou a grandeza do Senhor

A reaproximação de Moisés à sua família foi ratificada no momento em que todos entraram na tenda. Moisés *saiu, saudou, acolheu* e *fez entrar os seus parentes na sua tenda*. As ações de Moisés são recíprocas e condizentes com as ações e as intenções de Jetro. A enumeração dos feitos do Senhor, por meio de Moisés, acontecera no interior da tenda. Esse dado sublinha e sublima a tenda como sendo o local no qual se deve falar e testemunhar os benefícios do Senhor. O que mais pesa, negativamente, em muitas famílias, é que a fé não vem testemunhada pelos seus membros e, por isso, os que nascem não contam com esse testemunho para crescerem conhecendo o Senhor e os seus feitos.

No seio da família, a narração dos feitos do Senhor atinge a todos os membros. A fé, como patrimônio, deve ser narrada pelo ancião, pai ou mãe, em forma de testemunho, de modo que todos os filhos possam conhecê-la e dela se beneficiar. O que se recebe em família fica em família à medida que esta a edifica fazendo crescer todos os seus membros no conhecimento e no comportamento condizente com a Revelação de Deus.

O que se passou na tenda serviu para solidificar, ainda mais, no coração de Jetro, a certeza sobre o Deus ao qual Moisés estava a serviço. Ao que Moisés fala, a respeito do Senhor, Jetro reage se alegrando, bendizendo e reconhecendo que o Senhor é o Deus grande sobre todos os deuses. A fé proclamada por Moisés exige a pronta resposta de Jetro. Assim como Moisés não ficou indiferente a Jetro, que lhe devolve esposa e filhos, Jetro não ficou indiferente a Moisés, que lhe comunica os fatos que atestam as ações favoráveis de Deus pelo seu povo. A partir disso, Jetro tornou-se, igualmente, um beneficiado pelo Senhor.

A reação de Jetro, ao testemunho de Moisés, quer suscitar no ouvinte-leitor as suas mesmas atitudes. Jetro, que antes proclamara: *Eu, Jetro, teu sogro, venho a ti, com tua mulher e teus dois filhos com ela* (v. 6), proclama que a grandeza do Senhor deve-se à liberdade dada aos israelitas, livrando-os do Egito. Uma divindade era conhecida por seus feitos e, nesse caso, não há feito maior do que devolver a liberdade ao homem. A abertura de Jetro ao Deus de Moisés acentuou, ainda mais, a sua sabedoria, da qual o povo poderia se beneficiar. Assim, também, um fiel, que goza de liberdade, pode ser reconhecido pelos gestos que realiza em honra do seu Deus. Enfim, pode-se dizer: mostra-me teu Deus e eu te direi quem és!

Em síntese

Do ponto de vista da narrativa bíblica, o diálogo entre Moisés e Jetro, na tenda, teve como conteúdo os feitos prodigiosos do Senhor a favor do seu povo. Jetro deve ter indagado a Moisés sobre a veracidade dos fatos e o modo como estes aconteceram. É algo natural, quando se está diante de uma notícia pouco comum: uma forte nação "dizimada" pelas pragas e pelas águas do Mar dos Juncos. Moisés, por sua vez, deve ter narrado tudo em detalhes e ainda acrescentou outros fatos não sabidos por Jetro.

Na tenda de Moisés, ele é o ancião que deve narrar os feitos do Senhor. Jetro não era somente o hóspede, mas o pai de sua esposa, o avô de seus filhos e, principalmente, um homem versado no que diz respeito ao sagrado; logo, digno de respeito, pois era sacerdote. Jetro reconheceu em que Deus estava a verdadeira grandeza, soube aderi-lo e celebrá-lo com dignidade. O momento do reencontro de Jetro com Moisés, visto como uma pausa necessária na caminhada pelo deserto, serviu para predispor toda a comunidade dos libertos para o encontro com o Senhor no Monte Sinai.

A narração feita por Moisés produziu o efeito desejado. Jetro tinha se disposto a vir ao encontro do seu genro, porque ouvira sobre os feitos do Senhor. Ao entrar na tenda de Moisés, porém, Jetro passou do ouvir ao constatar. As palavras de Moisés ressoaram em Jetro com uma força tão grande que o narrador colocou todos os sentimentos experimentados em um verbo: *alegrou-se*.

Ex 18,1-12 é um exemplo de catequese profética, na qual não aparece nenhuma dicotomia entre a comunicação da vontade divina e a descoberta, dessa mesma vontade, pela sabedoria oriunda da experiência humana. Moisés podia ficar indiferente à visita de Jetro, mas preferiu acolhê-lo. Com isso, a verdade a ser buscada, praticada e estabelecida no meio do povo, refletiria não somente a presença e a ação de Deus, mas também a obediência do homem a Deus. Uma abertura de Jetro, na acolhida, preparou a abertura para o conhecimento de Deus atuando na vida humana, em particular do seu povo. Nesse sentido, o que colabora para o bem-estar do povo vem de Deus.

Moisés escuta os conselhos de Jetro
(Ex 18,13-27)

Contexto e composição

Contextualização

Segundo a tradição bíblica do êxodo, Moisés regressou ao Egito com uma missão bem difícil. Em primeiro lugar, ele deveria convencer os anciãos do seu povo quanto à autenticidade da experiência pessoal que teve do Senhor, Deus dos Pais, mostrar as credenciais recebidas e, ao lado deles, juntamente com Aarão (cf. Ex 3,16.18; 4,14b-17.27-29), iniciar as tratativas com o Faraó, a fim de que ele deixasse os israelitas partirem para realizar um sacrifício ao seu Deus. O envolvimento dos anciãos na missão de Moisés, de algum modo, já apontava para a necessidade de uma atuação conjunta. Sem o apoio dos "mais notáveis", seria difícil influenciar e convencer o povo, internamente, e alcançar o êxito na sua missão libertadora.

Em todos os episódios narrados em Ex 4,19–15,21, Moisés aparece exercendo um papel de liderança. Ele procurou defender a causa dos israelitas, segundo as ordens do Senhor, não obstante tenha fracassado, na primeira tentativa diante do Faraó, e enfrentado as contestações por parte dos que não quiseram aceitá-lo como mediador da vontade do Senhor. Até Moisés se lamenta com o Senhor por causa desse primeiro fracasso (cf. Ex 5,19-23). Atitude indevida, pois o Senhor já tinha alertado Moisés sobre as dificuldades que encontraria para realizar a sua missão (cf. Ex 3,19-20).

Sair do Egito, portanto, foi uma demonstração de poder diante do Faraó, mas foi, também, um ato provocado pelo Senhor; uma luta para convencer os israelitas a se colocarem em marcha. A expulsão e a saída do povo do Egito, pela mão forte do Senhor, figuram como impulso ou motivação que faltavam para os israelitas aceitarem a liberdade oferecida pelo Senhor através de Moisés (cf. Ex 12,31-33). Mesmo assim, houve o risco do retorno ao Egito diante dos primeiros obstáculos (cf. Ex 13,17). Tudo isso, somado aos primeiros obstáculos enfrentados após a travessia do Mar dos Juncos, serviu para apresentar uma nova etapa na vida do povo eleito. Com a liberdade, surgiram os problemas internos e de convivência entre os libertos, pois, no deserto, a busca pela sobrevivência desencadeou conflitos sociais.

Moisés entra em cena, em Ex 18,13, desempenhando outro papel em relação ao povo eleito: um ofício jurídico. Não é um ofício novo na vida do líder dos libertos (cf. Ex 2,13-14). Esse ministério, apresentado em vista da descentralização do poder e colocado no momento da marcha rumo ao Monte Sinai, serviu de base para o estabelecimento de ações e práticas sociais concretas para o Israel do Antigo Testamento. Nesse sentido, o papel de Moisés pode ser visto como profético, um protótipo para os diversos papéis das lideranças e das instituições sociais, políticas e religiosas a serem estabelecidas em Israel, unificadas em sua pessoa e em sua atuação no período do deserto (DURHAN, 1997, pp. 248-249).

O ofício de Moisés fundamenta,[1] então, uma série de procedimentos legais que se encontram presentes não somente no Pentateuco, mas, também, no livro de Josué, no livro dos Juízes, nas

---

[1] O episódio pode ser considerado uma etiologia, na qual o papel de Moisés é central. É difícil dizer que redator seria o responsável último pelo texto, se seria uma mão leiga ou clerical. Que o texto reflita o interesse pela organização social da justiça, é um dado bem plausível. Além disso, não se sabe, por certo, como datar o texto, que pode oscilar entre o início da monarquia e a dominação persa. Há quem se incline, pela comparação com Dt 1,9-18, por uma datação pré-exílica (CRÜSEMANN, 2002, pp. 129-131).

ações de Samuel, na missão dos reis, na atuação dos profetas e na instrução oriunda dos sábios. Em tais procedimentos, procura-se demonstrar a interação entre as questões situadas na esfera civil e religiosa. No fundo, a preocupação fez-se clara: para haver justiça na horizontal (do homem em relação ao homem), deve existir e ser praticada a justiça na vertical, em sintonia e em conformidade com a vontade do Senhor que os libertou do Egito.

Do ponto de vista literário e teológico, Ex 15,22–18,27 quer justificar o tempo que Moisés levou para percorrer, com o povo, a primeira etapa da marcha pelo deserto: da saída do Egito até chegar ao Monte Sinai. O caminho que deveria, inicialmente, ser percorrido em apenas três dias (cf. Ex 3,18; 5,3), em condições favoráveis, foi feito em três meses (cf. Ex 19,1), devido às dificuldades narradas em seis episódios, justificando a demora.

Entretanto, se Moisés continuasse julgando os casos trazidos pelo povo, da manhã à tarde, eles "nunca" chegariam ao Monte Sinai. A saúde física e psíquica de Moisés e dos israelitas ficaria comprometida. Assim, a participação e a intervenção do sogro de Moisés, nesse episódio, tornaram-se determinantes para redimensionar as relações do líder com o povo e vice-versa.

O mediador Moisés necessitou ouvir a voz do Senhor na voz de Jetro para conseguir aceitar as suas limitações humanas e para não ficar sozinho no papel de juiz. Os critérios utilizados por Jetro, que convenceram Moisés, ensinariam as futuras gerações a não colocarem pessoas à frente dos tribunais sem o discernimento necessário para atuarem em nome da justiça e do direito (cf. 1Rs 21,1-16; Dn 13,60-62).

A narrativa de Ex 18,13-27 liga-se ao episódio precedente pelo aspecto temporal: *no dia seguinte*, mas, principalmente, pela relação que existe entre as duas personagens centrais que atuam em uma questão: Moisés e o seu sogro. Jetro continuava influenciando o genro na postura que devia assumir e nas decisões que devia tomar para que o projeto do Senhor acontecesse. Na contextualização do episódio anterior, já se tinha mencionado que o nome Jetro não ocorre em Ex 18,13-27. Os vínculos ficaram estabelecidos pela relação familiar existente e recaiu sobre o termo *sogro*, ou a locução *sogro de Moisés*.

Nada impede de aceitar, do ponto de vista literário, a fala do sogro de Moisés acontecendo no final desse dia de julgamentos e de consultas a Deus. Jetro não interferiria, diretamente, no momento em que Moisés julgava, isto é, fazia valer a justiça, procurando dar soluções para os problemas apresentados pelos membros da comunidade.

Nesse episódio, passa-se do fórum das questões externas (sede-fome-sede-guerra), para o fórum das questões internas: litígios ou consultas que o povo fazia a Deus sobre uma questão ou aconselhamento sobre uma situação. Uma vez que Moisés encontrou, experimentou e atuou em nome de Deus, ele conhecia os seus preceitos e os seus ensinamentos. Então, podia "sentar-se" em um "tribunal" e julgar os casos apresentados pelo povo. O episódio, colocado antes da revelação e da teofania do Senhor no Sinai, representa uma mudança de comportamento social e política na vida de Moisés e é um modo de recuperar uma faceta importante da sua personalidade como juiz e mediador entre o povo.

Visto que o Senhor livrara os israelitas da opressão do Egito, da falta de água e de comida, e tinha dado vitória contra o inimigo, nota-se que a administração da justiça, por parte de Moisés, diante dos litígios ou consultas feitas ao Senhor, levantava uma preocupação: Que fazer com a liberdade recebida? Como ela deve ser exercitada, sem que haja violação dos direitos e deveres das pessoas no seio de uma comunidade em marcha, isto é, em formação? Diante disso, uma preocupação moveu Jetro: Moisés, sozinho, não poderia e não deveria suportar o peso dessa tarefa. A solução dos conflitos, que fossem surgindo durante a marcha, exigia uma organização condizente com a realidade e a gravidade dos casos.

MOISÉS ESCUTA OS CONSELHOS DE JETRO (EX 18,13-27)

Com o episódio subsequente, que narra a partida de Rafidim e a chegada ao Monte Sinai (cf. Ex 19,1), pode-se perceber uma relação entre causa e efeito. Graças à aceitação do conselho de Jetro, Moisés teve o seu peso aliviado e o povo, resolvendo as suas querelas, ou tendo a quem se dirigir ao longo do caminho, podia continuar a sua marcha. Era fundamental organizar os libertos para o seu encontro com o Senhor no Monte Sinai. Essa organização, orientada por Jetro, preparou e, de algum modo, predispôs o povo para *conhecer o Senhor* no momento em que selariam a aliança.

No fundo, porém, a intervenção de Jetro denota que Moisés não seria capaz de fazer justiça ao povo, sendo e agindo de forma injusta com ele mesmo. A reta preocupação com a justiça desponta na perspicácia de Jetro. Ele foi capaz de ver e fazer Moisés perceber um erro: querer solucionar, sozinho, as questões do povo. Ele interveio, mostrando uma nova sintonia com o divino, pois advertiu Moisés de que a prática da justiça devia ser uma tarefa corresponsabilizada e partilhada com homens valorosos, considerados capazes e aptos para o ofício, porque eram tementes a Deus.

Esta abertura marca o início literário, no livro do Êxodo, da descentralização do poder judiciário não só das mãos de Moisés, mas também de todo futuro líder entre os israelitas. O episódio, nesse momento determinante para o povo de Deus e sua eleição, serviu para lançar as bases para a instituição do conselho dos anciãos; setenta ao total, que puderam subir, com Moisés, Aarão, Nadab e Abiu, para participar do banquete de comunhão no Monte Sinai (cf. Ex 24,1.9). Este banquete foi prefigurado na refeição sacrifical ministrada por Jetro em honra dos feitos do Senhor, na companhia de Aarão e dos anciãos (cf. Ex 18,12).

Nm 11,16-17.24-30, no contexto de uma "justa" lamentação e forte desânimo de Moisés, por causa do povo que reclama por carne, narra a instituição de um conselho de anciãos, para que eles dividissem o fardo com Moisés. Tal fato é viável, pois, do Egito à Terra Prometida, a passagem pelo deserto não trouxe somente a presença e a ação do Senhor que liberta e conduz, mas, também, foi o palco de carências, de conflitos e de murmurações que ajudaram a fortalecer o sentido da libertação (GRENZER, 2004, p. 105).

Esses anciãos, que já atuavam como líderes, se tornam partícipes de algo específico de Moisés. A ênfase recaiu sobre o dom do espírito e o dom da profecia dele decorrente. Tudo ocorreu junto à tenda da reunião, isto é, após a revelação do Sinai. Para que os anciãos pudessem atuar como dirigentes do povo, eles necessitavam agir sob o impulso do mesmo espírito que animava Moisés. A ação dos anciãos favoreceu o projeto da libertação. Moisés teria um apoio diante dos que instigaram o povo a desejar uma postura qualificada como rejeição aos planos do Senhor (GRENZER, 2004, p. 112).

Dt 1,9-18 contém um paralelo sobre a dificuldade e o peso que Moisés tinha sobre si como juiz e sobre a solução que foi encontrada. Não há, contudo, nesse texto, uma referência à pessoa ou à influência de Jetro (considerado um elemento perturbador na narrativa do Êxodo), aconselhando Moisés sobre o que ele deveria fazer para dividir o peso da administração da justiça. A ideia parece ter partido do próprio Moisés, que obteve a aprovação e a ajuda do povo para executar a iniciativa da divisão das suas responsabilidades. O sentido da ação, porém, é a mesma: uma descentralização do poder pela partilha das funções, como uma forma de aliviar o peso do líder sobre as questões do povo.

À diferença de Ex 18,13-27, o paralelo no livro do Deuteronômio aparece como uma necessidade surgida após a permanência no Monte Sinai. Algo bem mais condizente, pois os juízes estabelecidos teriam uma base legislativa (Decálogo) para emitir o julgamento sobre as questões do povo, que continuou se multiplicando no deserto.

Uma organização judicial, com funções distribuídas em tribunais menores, deve ter surgido e ter sido estabelecida, com maior probabilidade, durante o período da monarquia. Uma medida desse gênero foi tomada pelo rei Josafá de Judá, que estabeleceu juízes para as cidades fortificadas (cf. 2Cr 19,5-11). Todavia, a medida de Josafá não contém alguma alusão ao que fez Moisés no deserto e carece de solidez, visto que o cronista tentou reabilitar a figura desse monarca.

A fonte utilizada pelo cronista poderia ser Dt 16,18-20 ou Dt 17,8-13, que previa, diante de um caso difícil de ser resolvido, três atitudes a serem tomadas: buscar o santuário (Jerusalém?), buscar o sacerdote levita e o juiz em função na cidade, para ouvir a sua instrução sobre o caso. O êxito da questão recai sobre a exigência de se colocar em prática a ordem recebida do sacerdote e do juiz.

Portanto, o ouvinte-leitor deve aprender, com o conselho de Jetro, que o Senhor não quis Moisés resolvendo, sozinho, os conflitos. O papel do mediador pode e deve se tornar uma organização bem orientada, voltada, eficazmente, para a promoção e a prática da justiça e do direito.

Estrutura do texto

Esse episódio, também, pode ser estruturado em uma forma concêntrica. Moisés é o sujeito da ação no início e no fim do episódio. Uma vez questionado por sua atitude insensata, tenta explicar ao seu sogro os motivos pelos quais estava agindo daquela forma. Um juízo de valor, feito pelo sogro de Moisés, foi estabelecido sobre o fato. Moisés recebeu e executou o último conselho do seu sogro. Sem delongas, o narrador colocou Moisés em destaque, permitindo que Jetro retornasse à sua terra e, assim, fez com que ele saísse de cena no livro do Êxodo.

A Moisés se senta para julgar o povo, que fica de pé diante dele (v. 13);

    B Jetro viu e indagou a respeito da atitude de Moisés perante o povo (v. 14);

        C Moisés explicou para o sogro o que estava fazendo (vv. 15-16);

            D Jetro reprova a atitude de Moisés e tira conclusões salutares (vv. 17-18);

                E Moisés ouvindo Jetro, será ouvido por Deus e pelo povo (vv. 19-20);

                    F Jetro aconselha Moisés a dividir o peso com homens valorosos (v. 21);

                E' Jetro explica as razões dessa atitude para Moisés (v. 22);

            D' Jetro usa um critério irrefutável de autoridade (v. 23);

        C' Moisés acolhe e põe em prática o conselho de Jetro (vv. 24-25);

    B' Os escolhidos assumiram o encargo, junto com Moisés, diante do povo (v. 26);

A' Moisés deixa Jetro partir para a sua terra (v. 27).

A narração movimenta-se com bastante linearidade, apesar de estar criada a partir de algumas repetições na fala do narrador, de Jetro e na fala de Moisés (vv. 21-22.25-26). Um dado relevante: o Tetragrama Sagrado, YHWH, não foi utilizado nesse episódio. O termo Elohîm é determinante e foi usado sete vezes (vv. 15.16.19³ˣ.21.23).

O desenvolvimento parte da ação inicial de Moisés, devidamente observada por Jetro. Esta ação serviu para o narrador ceder a fala, abrindo os diálogos entre Jetro e Moisés, que são as personagens centrais. Deus, nesse episódio, é o único que não falou e não interveio. Deus é citado como parte das questões e como argumento de autoridade para convencer Moisés, que age como juiz do povo que quer inquirir Deus (receber um oráculo?), mas deve ser instruído nos seus preceitos e ensinamentos (vv. 15-16). Jetro aconselha Moisés apelando para a vontade de Deus e para a sua autoridade (vv. 19.23).

Dois níveis surgem no episódio: o nível da compreensão e da prática humana sobre o que deve ser feito, em face da administração da justiça; e o nível do que se percebe como expressão da vontade divina, quanto à instauração e o exercício do poder na administração da justiça. Ao lado disso, tem-se uma questão de fundo: Pode uma instituição humana representar Deus e a sua justiça, e estar à altura dessa missão de forma partilhada?

Estrutura da narrativa

Os elementos que movimentam as cenas estão, devidamente, apresentados na narrativa: (a) motivação: Moisés entra em cena com uma nova função no meio do povo; (b) ação: Moisés senta-se para julgar os casos de litígio e revelar a vontade de Deus para o povo; (c) reação: Jetro, após observar, interpela Moisés e busca saber as razões das suas atitudes; (d) explicação: Moisés responde à pergunta de Jetro, certo de que estava realizando o correto; (e) juízo: Jetro, como um juiz, desaprova o modo como Moisés estava atuando e julgando as questões do povo; (f) conselho: Jetro propõe a Moisés uma solução partilhada e oferece os critérios para a escolha dos juízes; (g) aceitação: Moisés acolhe e executa, exatamente, o conselho de seu sogro; (h) desfecho da ação: Moisés deixa o seu sogro regressar para a sua terra.

O clímax na narrativa aparece no modo como Jetro convenceu Moisés, que, acolhendo o conselho dado em nome de Deus e debaixo da sua autoridade, ressalta a obediência de Moisés (cf. Ex 18,19.23). Moisés acolheu a voz e a vontade de Deus no sábio conselho dado por Jetro.

Ex 18,13-27 possui uma estrutura lógica e apresenta os elementos essenciais de uma narrativa: personagens, local, situações, tempo e voz narrativa.

a) **Personagens:** Moisés, o povo, Jetro, Deus e os homens valorosos, sem dizer quem foram os escolhidos.

b) **Local:** permanece o acampamento, mas a postura jurídica de Moisés evoca a sede do tribunal (Moisés senta-se para julgar). Fala-se da importância do conselho em vistas do caminho que o povo ainda deve percorrer rumo ao Sinai. No final, Jetro retorna para a sua terra.

c) **Situações:** casos, conflitos internos, litígios, consulta a Deus e instrução sobre a vontade de Deus, seus preceitos e ensinamentos.

d) **Tempo:** *no dia seguinte* e *do amanhecer ao entardecer* são duas referências explícitas e diretas para situar a narrativa. Há, também, uma alusão à ação dos homens instituídos como juízes que devem julgar o povo durante *todo o tempo*.

e) **Narrador:** introduziu Moisés em uma nova ação e a observação de Jetro ao que Moisés estava fazendo. O narrador cedeu a fala para Jetro, em sua pergunta, e para Moisés, na sua resposta, mediando as duas falas. A fala de Jetro, expondo o seu conselho a Moisés, ocupa grande parte do episódio (vv. 17b-23). No final, porém, a fala não retornou a Moisés. O narrador é quem relata o desfecho, mostrando que Moisés acolheu e fez conforme o conselho recebido, permitindo que o seu sogro retornasse para a sua terra, encerrando o episódio.

Do ponto de vista da crítica literária,[2] a resposta de Moisés à pergunta de Jetro (v. 15b): *Porque o povo vem a mim para inquirir a Deus* não se coaduna bem com a sua continuação, mais lógica, no v. 16: *Quando há um debate entre eles, vem a mim e eu julgo*

---

[2] É possível que o texto tenha sofrido uma complementação literária e que acréscimos tenham sido feitos à narrativa básica: v. 15b.20b; v. 16b.20a; v. 21b.25b (CRÜSEMANN, 2002, pp. 127-128).

entre um homem e o seu próximo, e lhes faço conhecer os preceitos de Deus e os seus ensinamentos. Poderíamos pensar que seria mais lógico dizer sem o que está entre colchetes: *Porque o povo vem a mim* [para inquirir Deus] *quando há um debate entre eles*, [vem a mim e eu julgo entre um homem e o seu próximo], *e lhes faço conhecer os preceitos de Deus e seus ensinamentos*.

A repetição da frase, *e lhes instrua os preceitos e os ensinamentos* (v. 20a), na fala de Jetro, parece algo deslocado no texto, pois já estava presente na fala de Moisés (v. 16c).

A explicitação sobre o que Jetro entende por homens valorosos: *que temam a Deus, homens de verdade, avessos ao proveito* (v. 21b), não faz muito sentido, pois o que se espera de tais homens é que sejam conhecedores e praticantes da Lei à altura de Moisés. Faria sentido, sim, se Moisés fosse, primeiramente, o instrutor deles. Algo que ainda não aconteceu, pois, pela lógica da narrativa, o Decálogo não foi dado e a aliança ainda não foi selada no Sinai. Salvo se esse fosse o sentido do conteúdo do v. 22. Mais ainda, porque esses homens, além de serem constituídos chefes do povo, representam uma organização social (cf. vv. 21.25), que tem relações com a ação militar (CRÜSEMANN, 2002, p. 130), e com o que se espera de um juiz: ser capaz de estabelecer a justiça durante todo o tempo (cf. v. 26).

Apesar desses problemas literários, o texto flui por três motivos particulares: (a) a locução *sogro de Moisés* (vv. 14.17) e o termo *sogro* (vv. 15.24.27) foram usados cinco vezes; (b) o epíteto Elohîm é usado sete vezes (vv. 15.16.19.21.23); (c) Moisés, por suas ações, abre e fecha o episódio (vv. 13.27).

Tradução e paralelos

18 ¹³ E aconteceu, no dia seguinte, que Moisés sentou-se para julgar o povo. Enquanto isso, o povo permanecia de pé, próximo de Moisés, do amanhecer ao entardecer. ¹⁴ Quando o sogro de Moisés viu tudo o que este estava fazendo ao povo, indagou: "Que debate é

Jz 4,5; Is 16,5; Jl 4,12; Sl 9,5

este que tu fazes com o povo? Por que tu estás sentado, tu somente, enquanto todo o povo fica de pé, próximo de ti, do amanhecer ao entardecer?" ¹⁵ Então Moisés respondeu para o seu sogro: "Porque o povo vem a mim para inquirir a Deus. ¹⁶ Quando há um debate entre eles, vem a mim e eu julgo entre um homem e o seu próximo, e lhes faço conhecer os preceitos de Deus e os seus ensinamentos." ¹⁷ Então, o sogro de Moisés disse-lhe: "Não está bem a coisa que tu estás fazendo! ¹⁸ Certamente, te exaurirás, bem como a este povo que está contigo, porque o debate é pesado para ti; não conseguirás suportá-lo tu somente. ¹⁹ Agora, escuta minha voz, eu te darei um conselho e que Deus esteja contigo: tu estejas pelo povo diante de Deus e tu faças chegar as suas palavras até Deus; ²⁰ e lhes instrua os preceitos e os ensinamentos, e lhes faça conhecer o caminho no qual eles devem percorrer e as obras que eles deverão fazer. ²¹ Tu, porém, dentre todo o povo, elege homens valorosos, que temam a Deus, homens de verdade, avessos ao proveito; e os instituirás chefes de mil, chefes de cem, chefes de cinquenta e chefes de dez. ²² Eles julgarão o povo, em todo o tempo; e todo debate que for grande, eles trarão a ti, mas todo debate pequeno eles os julgarão. Assim aliviarás o peso sobre ti, pois eles o carregarão contigo. ²³ Se assumires esta palavra, que te ordena Deus, então poderás ficar de pé, e também este povo seguirá em paz para o seu lugar." ²⁴ Moisés escutou a voz do seu sogro e fez tudo como ele dissera. ²⁵ Então, Moisés escolheu homens valorosos dentre todo o Israel e os constituiu chefes do povo: chefes de mil, chefes de cem, chefes de cinquenta e chefes de dez. ²⁶ Eles julgaram o povo, em todo o tempo; o debate pesado, porém, eles traziam para Moisés, enquanto o debate pequeno, eles julgavam. ²⁷ Depois disso, Moisés deixou seu sogro partir e ele voltou para a sua terra.

Comentários

18 ¹³ E aconteceu, no dia seguinte,ᵃ que Moisés sentou-seᵇ para julgarᶜ o povo. Enquanto isso, o povo permanecia de pé,ᵈ próximoᵉ de Moisés, do amanhecer ao entardecer.ᶠ ᵃ O substantivo preposicionado מִמָּחֳרָת é indicador temporal: *o dia seguinte, no dia seguinte, amanhã, na manhã seguinte* (SCHÖKEL, 1997, p. 368). Não fica claro, no texto, se a intenção foi a de criar um laço com o episódio anterior, que terminou com um ato cultual, no qual foram feitos sacrifícios de comunhão. Há, porém, um antagonismo entre as ações: enquanto Jetro associou a si Aarão, os anciãos e Moisés no seu ato cultual (cf. Ex 18,12), Moisés aparece agindo sozinho, julgando o povo *do amanhecer ao entardecer*. O termo מִמָּחֳרָת introduz uma nova ação de Moisés, em relação ao povo, que, por sua vez, desencadeou uma nova intervenção de Jetro, reprovando a ação de Moisés, pois viu, nela, algo que o levaria, bem como ao povo, ao esgotamento (v. 18). No livro do Êxodo, além desse versículo, o termo encontra-se atestado outras três vezes. Curiosamente, em Ex 9,6 e 32,6.30, a situação tem a ver com o sacrifício de animais.

ᵇ O verbo יָשַׁב pode exprimir uma ação forense, na qual um juiz senta-se para exercer o seu papel em um tribunal por um tempo determinado. Esd 10,16-17 retrata uma questão julgada por Esdras e por chefes de família que ele escolheu. De certo, tem-se uma contraposição de atitudes, pois, enquanto Moisés estava sentado, o povo encontrava-se de pé.

ᶜ A primeira apelação jurídica utilizando a raiz שׁפט encontra-se na fala de Sara, que, sentindo-se lesada por Agar, após ter concebido um filho de Abraão, clamou por justiça, invocando o Senhor como juiz da sua causa (cf. Gn 16,15). Em outra narrativa, na tentativa de salvar seu sobrinho Ló, Abraão apelou para que o Senhor, juiz de toda a terra, fizesse justiça (cf. Gn 18,25). Os habitantes de Sodoma sentiram-se incomodados com Ló, porque agiu como um juiz, ao negar entregar-lhes os seus hóspedes (cf. Gn 19,9). Jacó e Labão fizeram uma aliança invocando o Deus justo de Abraão e Isaac (cf. Gn 31,53). Vê-se, aqui, uma ligação com o livro do Gênesis.

Nesse versículo, a postura de Moisés é condizente com a ação praticada. Senta-se para julgar quem possui autoridade sobre os demais, mas Moisés já estaria indo além do que lhe fora pedido pelo Senhor: libertar o povo do Egito e fazê-lo comparecer diante dele no Sinai. Moisés, ao que tudo indica, buscou ocupar-se com o que poderia melhorar a conduta do povo, antes que este comparecesse diante do Senhor. Isso confirma um fato: não havia sinais de paz e tranquilidade, indicadores de justiça, mas litígios e problemas internos no seio da comunidade dos libertos. Um fato antigo aos olhos de Moisés: em Ex 2,14 tem-se a primeira referência à raiz שׁפט ligada à pessoa de Moisés, que tentou dirimir, sem êxito, um litígio entre dois hebreus. Toda a ação libertadora do Senhor aparece como um ato de justiça contra o Faraó e o Egito (cf. Ex 5,21; 6,6; 7,4; 12,12). Moisés, após tantos sinais de poder, operando a libertação, pôde, finalmente, aparecer exercendo o papel de juiz no meio do povo. O verbo está no infinito constructal, indicando o seu papel como dirigente, administrador ou governador da vida do povo eleito. A mesma raiz servirá para nomear o sétimo livro bíblico, שֹׁפְטִים, proveniente da informação de Jz 2,16, na qual os juízes aparecem atuando como salvadores do povo. Em Israel e para julgar, os anciãos, que formavam um conselho de juízes, sentavam-se no tribunal estabelecido junto aos portões da cidade (cf. Rt 4,2; 1Sm 4,18). O desdobramento da ação de Moisés, como juiz, aparece devidamente detalhado na explicação, pormenorizada, que ele deu para o seu sogro (vv. 15-16): (a) *inquirir/consultar* (דרשׁ); (b) *julgar* (שׁפט); (c) *fazer conhecer* (ידע no hifil).

ᵈ O verbo עָמַד, num contexto jurídico, é utilizado, frequentemente, com a preposição *lipnê* (cf. Nm 27,1-2; 1Rs 3,16). O verbo indica a posição que as partes assumem diante do que vai julgar.

ᵉ Em Ex 15,24; 17,13, a expressão הָעָם עַל־מֹשֶׁה significa, literalmente, *o povo contra Moisés*. Essa tradução é sustentada pelo sentido do verbo לון, murmurar, no nifal e no hifil. Todavia, não seria inadmissível manter o mesmo sentido nesse versículo, pois essa postura do povo não tinha mudado em relação a Moisés, pelo simples fato de virem a ele com as suas questões e as suas indagações. O que Jetro viu não foi um povo pacífico de pé e diante do seu líder; do contrário não faria muito sentido o conselho: implantar quatro níveis de chefias sobre o povo em ordem militar. Moisés, sem se dar conta, estava sendo assediado pelo povo e por seus problemas.

f Não há nenhuma indicação de parada, no decorrer do dia, para se tomar alimento. A informação do v. 13 é sóbria, mas cobre um arco temporal muito abrangente. O ouvinte-leitor deve criar sensibilidade diante do fato narrado. Quem, humanamente dizendo, suportaria transcorrer um dia inteiro nas condições de Moisés? Esse lapso temporal traz à mente o dia inteiro de intercessão, no qual Moisés teve que permanecer com os braços levantados para que Josué obtivesse a vitória sobre Amalec (cf. Ex 17,9.13). Neste episódio, Moisés não estava sozinho no monte, mas acompanhado por Aarão e Hur, que, prontamente, lhe prestaram auxílio. Juntos, esses dois episódios buscam mostrar que Moisés estava disposto a todo tipo de sacrifícios pelo bem do povo.

Quando o sogro de Moisés viu tudo[g] o que este estava fazendo ao povo, indagou: "Que debate[h] é este que tu fazes com o povo? Por que tu estás sentado, tu somente,[i] enquanto todo o povo fica de pé,[j] próximo de ti, do amanhecer ao entardecer?"[k] v. 14

g A percepção de Jetro foi profundamente altruísta. Nada lhe escapou! Jetro não questionou as atitudes do povo ou as suas necessidades, mas a forma como Moisés agia em relação ao povo. Há uma contraposição entre as atitudes: Moisés sentado e o povo de pé. São duas atitudes antagônicas. Jetro reprovou a postura de Moisés em função dele e a favor dele. As funções de Moisés não excedem as suas capacidades, mas elas iriam levá-lo ao colapso. Assim como Josué recebeu a ordem para escolher homens aptos para o combate, e com eles conseguir a vitória, Moisés foi orientado a fazer algo parecido, a fim de enfrentar a "guerra" interna provocada pelos litígios entre os membros do povo.

ʰ הַדָּבָר, geralmente, é traduzido por "coisa", "algo" ou "questão" quando aparece associado ao pronome demonstrativo הַזֶּה e ao verbo עָשָׂה (cf. Gn 20,10; 21,26; Ex 9,5-6). Considerando o contexto jurídico, a tradução por "debate" reflete algo que ocorre na esfera da palavra, não uma mera comunicação, mas algo que é fruto de um assunto tratado entre partes em litígio. Existe mais de uma possibilidade de tradução e todas bem condizentes com o contexto: *Que palavra é esta que estás fazendo para o povo? Que coisa é esta que estas fazendo para o povo? Que debate é este que estás fazendo ao povo?* Nota-se que o termo determinado הַדָּבָר possui uma função relevante nesse texto. Ocorre mais sete vezes: versículos 17.18.22².23.26². No versículo 16 está sem artigo e no versículo 19 no plural. Sobre esse termo recai a dúvida de Jetro, mas também a solução que ele apresenta para Moisés.

ⁱ A mesma construção preposicionada e com sufixo de segunda pessoa do singular, לְבַדֶּךָ, ocorre no versículo 18; bem como em Nm 11,17, no qual o Senhor atende um pedido de Moisés, atenuando o seu pesado fardo. A fala de Jetro não relativiza a capacidade de Moisés ouvir e julgar, mas evidencia uma fraqueza. Ações solitárias, em tarefas importantes, são alvo de crítica (cf. 1Sm 21,12), salvo no reconhecimento das próprias culpas (cf. Sl 51,6; Pr 9,12). Em contrapartida, לְבַדֶּךָ, atribuído ao Senhor, é uma confissão de fé, pois somente Ele é o Deus único, criador de todas as coisas, e é o único que pode agir sozinho e fazer justiça (cf. 1Rs 8,39; 2Rs 19,15.19; 2Cr 2,30; Ne 9,6; Sl 71,16; 83,19; 86,10; Is 36,16.20). A crítica à postura de Moisés, confrontada com esses textos, permite tirar uma lição elementar: Moisés é um homem e não um deus! Seu modo de agir estaria em conformidade com a sua vocação e missão à medida que ele não fosse além dos seus limites.

ʲ Jetro não estava questionando quanto ao exercício da autoridade de Moisés (sentado) em relação às necessidades e aos problemas litigiosos do povo (de pé), mas questionou o fato de Moisés estar agindo sozinho como juiz de tanta gente e para tantos problemas.

Quando alguém está muito próximo das pessoas e dos seus problemas não consegue ver com clareza o centro da questão, nem consegue fazer uma opção justa pelo que, de fato, pode ser feito para se obter a solução justa e adequada. A ajuda que Moisés pretendia dar ao povo exigia uma organização hábil das pessoas e dos seus problemas. A aglomeração de pessoas, imersas nos seus problemas, cria obstáculos e novos problemas para quem busca encontrar uma solução. Talvez, o conselho de Jetro caminhasse nessa direção. Não bastava dividir as tarefas, mas classificar os problemas em pequenas e grandes causas, a fim de que Moisés pudesse ser mais livre para se ocupar com os próximos passos da marcha. O Decálogo, narrado pouco depois (cf. Ex 20), parece ser um bom critério para subdividir as questões surgidas no meio do povo em duas ordens ou níveis: quanto a Deus, na vertical, e quanto ao homem, na horizontal.

ᵏ O versículo 14 possui uma finalidade enfática no episódio, pois repete a observação de Jetro em sua pergunta a Moisés. Também a repetição da expressão temporal *do amanhecer ao entardecer*, além de reforçar a ênfase da contestação de Jetro, serve para denotar que Moisés não teria sido interrompido na tarefa que estava realizando junto ao povo.

Então Moisés respondeu para o seu sogro: "Porque o povo vem a ᵛ·¹⁵ mim para inquirir a Deus.ˡ

ˡ דָּרַשׁ é um verbo que entra no campo das disputas, quando se busca indagar sobre algo ou alguém para além de uma simples informação, visando a uma investigação sobre uma situação, local ou pessoa (JENNI-WESTERMANN, 1978, pp. 651-652). Visto que o povo ainda não conhecia o Senhor, esse sentido está de acordo com o contexto jurídico. A resposta de Moisés mostra que ele não entendeu o questionamento de Jetro, ou, se entendeu, quis se justificar, diante dele, valendo-se da sua prerrogativa de homem escolhido por Deus. Ele apela para a dimensão religiosa da sua missão e para as suas implicações, pois é alguém que conhece a Deus e a sua vontade por experiência própria. Nada impede de ver, aqui, uma crítica de Moisés à experiência religiosa do sogro. A solitária liderança é vista por Moisés como algo necessário, daí a contundente explicação, *o povo vem a mim para inquirir Deus*, que é típica do vocabulário profético. Lideranças e povo buscavam os profetas para conhecerem a vontade de Deus ou o seu parecer sobre os mais diferentes assuntos (cf. 1Sm 9,9). Não é por acaso que a consulta profética, a decisão judicial e a instrução segundo os preceitos divinos encontram-se unidos. Isto pretende evidenciar o papel de Moisés, pondo sobre ele o que mais tarde estaria reservado a classes distintas do povo.

v. 16 Quando há um debate entre eles,ᵐ vem a mim e eu julgo entre um homem e o seu próximo,ⁿ e lhes faço conhecer os preceitos de Deus e os seus ensinamentos."ᵒ

ᵐ A frase כִּי־יִהְיֶה indica um acontecimento não rotineiro, mas casual, e pode ser traduzida, ainda, de outras formas: *se há uma palavra para eles*; *quando há uma palavra para eles*; *se há algo para eles*; *quando há algo entre eles*. כִּי־יִהְיֶה ocorre, além de nesse versículo, em Ex 23,33 como alerta contra o perigo da idolatria. No livro do Levítico, כִּי־יִהְיֶה é usada quando se trata da lepra (cf. Lv 13,2.18.24.29.38.47), e, no livro do Deuteronômio, ocorre para apontar possíveis casos a serem julgados (cf. Dt 15,6; 21,18; 22,23; 23,11; 25,1). O último, em particular, aproxima-se do sentido contido em Ex 18,16: *Quando há um litígio entre homens* (כִּי־יִהְיֶה רִיב בֵּין אֲנָשִׁים), acrescentando que eles deviam ser levados ao tribunal para serem julgados (וְנִגְּשׁוּ אֶל־הַמִּשְׁפָּט וּשְׁפָטוּם), a fim de que a justiça fosse feita, isto é, o inocente absolvido e o culpado condenado (וְהִצְדִּיקוּ אֶת־הַצַּדִּיק וְהִרְשִׁיעוּ אֶת־הָרָשָׁע).

ⁿ Devido às condições, Moisés era a instância máxima e suprema, para a qual os libertos apelavam, quando tinham algo a ser julgado entre eles. Dt 25,1 já supõe um tribunal estabelecido. Essa foi a única vez em que Moisés disse, na primeira pessoa, *eu julgo* (וְשָׁפַטְתִּי). No livro do Êxodo há outras duas ocorrências na primeira pessoa, mas o sujeito do verbo é o Senhor (cf. Ex 34,20.22).

º A frase: *e lhes faço conhecer os preceitos de Deus e os seus ensinamentos* (וְהוֹדַעְתִּי אֶת־חֻקֵּי הָאֱלֹהִים וְאֶת־תּוֹרֹתָיו) é única no Antigo Testamento e pode valer como a sentença emitida por Moisés para os casos apresentados pelas partes litigantes. A solução para os problemas é alcançada pelo conhecimento da vontade de Deus. A frase funciona, também, como uma justificativa de Moisés para a pergunta de Jetro. O conteúdo da frase, em si, funciona como elemento antecipador para tudo o que ele vai ouvir de Deus, no Monte Sinai e na tenda da reunião, para, então, retransmitir ao povo durante a sua peregrinação pelo deserto. Na verdade, a resposta de Moisés dá a entender que ele já conhecia a Lei de Deus. Moisés, ao dispor as coisas dessa maneira para Jetro, inaugura, teologicamente, o exercício da jurisprudência para Israel ainda no período do deserto. Sem os preceitos de Deus e os seus ensinamentos-leis, o povo não teria como se orientar e crescer no seu modo de ser e de agir. Nesse sentido, o conhecimento determina o comportamento. Em Dt 4,5.8.14, Moisés recorda ao povo a grandeza do povo e a gravidade, que sobre ele recai, por possuir *preceitos e decretos* tão bons e justos a serem praticados na Terra Prometida. Em uma confissão nacional, Neemias exalta os feitos do Senhor a favor do seu povo, e menciona os *preceitos e decretos* dados ao povo através de Moisés (cf. Ne 9,13). A Lei, porém, aparece em evidência (cf. Ne 9,14). A mesma lembrança sobre os *preceitos e decretos*, ligada à pessoa de Moisés, aparece citada em Ml 3,22. As *leis/instruções do Senhor* tinham sido dadas a Moisés como instrução sobre a Páscoa (cf. Ex 13,9). Ao lado disso, Ez 43,11; 44,5 são os dois textos "corrigidos" pelos massoretas em que aparece a forma plural e constructal com o sufixo de terceira pessoa (תּוֹרֹתָיו).

Então, o sogro de Moisés disse-lhe: "Não está bem a coisa que tu estás fazendo!ᵖ   v. 17

p Tem-se, de fato, uma crítica negativa a Moisés. Jetro estaria dizendo que, dessa forma, Moisés não estava praticando o bem e, portanto, não podia ser um sinal da justiça, do direito e, muito menos, ser um canal da Lei de Deus para o seu povo. A mesma frase, praticamente, encontra-se nos lábios de Davi quando criticou o protetor de Saul (cf. 1Sm 26,16) e em Neemias, que criticou a opressão feita pelos judeus aos seus irmãos de raça (cf. Ne 5,9).

v. 18 Certamente, te exaurirás,ᵠ bem como a este povo que está contigo,ʳ porque o debate é pesado para ti;ˢ não conseguirás suportá-lo tu somente.ᵗ

q Um fato chama a atenção: o verbo נָבֵל foi usado, aqui, pela primeira vez na Bíblia Hebraica, e é a única vez que esse verbo ocorre no livro do Êxodo, e de forma enfática (infinito absoluto com valor adverbial). Significa, no sentido próprio, *murchar, deteriorar-se, secar* e, no sentido figurado, *agir com irreflexão* (SCHÖKEL, 1997, p. 416). O adjetivo נָבָל, que ocorre três vezes no cântico de Moisés, significa insensatez ou desprezo da sabedoria (cf. Dt 32,6.15.21). Juntas, são as duas ocorrências em todo o Pentateuco. A crítica de Jetro a Moisés denota que ele não estava agindo como um sábio condutor do povo, mas como um insensato. Colocando sobre si e sobre o povo um fardo insuportável.

r A explicação da reprovação de Jetro, ao agir de Moisés, tem conotação e peso de morte, de irreflexão e de insulto a si mesmo e ao povo que vinha a ele com as suas questões. Jetro reprova Moisés, mostrando que o seu agir é irracional e insensato, porque as consequências não trariam benefícios nem para ele nem para o povo. A intervenção de Jetro salva a vocação e a missão de Moisés, garantindo que o povo chegasse ao seu objetivo. Note-se que Deus não entrou em cena nesse episódio, isto é, não existe uma fala divina reprovando ou aprovando Moisés pelo modo como ele estava agindo. Há uma atitude de Jetro em relação a Moisés que soa como um "litígio necessário" ou um "conselho necessário" do sogro em relação ao seu genro. Em outras palavras, Jetro quis mostrar a Moisés como a justiça não deveria ser praticada.

ˢ À diferença de Nm 11,4-35 e Dt 1,9-18, textos nos quais Moisés está preocupado com ele mesmo, Jetro foi quem percebeu os riscos de uma liderança solitária e tentou convencer Moisés a mudar de postura. Isso lembra o momento em que Moisés tentou convencer a Deus para que desistisse dele e do seu envio ao Egito. Moisés, na ocasião do seu chamado, disse a Deus que ele não era loquaz, isto é, não sabia falar, porque tinha a língua pesada: כִּי כְבַד־פֶּה וּכְבַד לָשׁוֹן אָנֹכִי (Ex 4,10; 6,12). Como, "agora", quer ser o homem da palavra e fazer tudo sozinho?

ᵗ A ênfase da segunda parte do versículo recai sobre a segunda pessoa do masculino singular presente nos verbos e nos sufixos: Moisés. Jetro usou um argumento muito convincente, mostrando que Moisés precisava enxergar as suas limitações. Ser um instrumento nas mãos de Deus para livrar o povo do Egito (perigo externo) não era a mesma coisa que ser um juiz para todas as questões (perigo interno). Sozinho, Moisés sucumbiria na missão e faliria na sua vocação.

Agora, escuta minha voz,ᵘ eu te darei um conselhoᵛ e que Deus esteja contigo:ʷ tu estejas pelo povo diante de Deusˣ e tu faças chegar as suas palavras até Deus;ʸ v. 19

ᵘ A construção עַתָּה שְׁמַע בְּקֹלִי, que também pode ser traduzida por: *Agora, obedece minha voz*, é única, e seus paralelos mais próximos, no sentido positivo, encontram-se no livro do Gênesis (cf. Gn 27,8.13.43; 30,6) e ligam-se a Jacó através de Isaac e Raquel. Moisés, por sua vez, ouvindo a voz e os conselhos de Jetro, demonstrou ser um genro sábio e humilde (cf. Pr 13,1). Desse modo, o período do deserto não foi, somente, de provação, mas foi uma ocasião de formação, na obediência, para Moisés e para o povo eleito. Em contrapartida, há um lamento no livro de Josué e dos Juízes quanto à falta de obediência do povo (cf. Js 5,6; Jz 2,17); e, no dizer do salmista, Deus, também, se lamenta quanto à falta de obediência do povo (cf. Sl 95,7d-11; 106,25).

v A índole do conselho, uma real advertência, reflete conhecimento de causa e preocupação de Jetro com a vida de Moisés e a sobrevivência do povo que lhe foi confiado por Deus. Jetro é uma pessoa sábia e experiente, e, por isso, pode aconselhar Moisés. A fala de Jetro não pretende, aqui, ser uma voz mais autorizada que a de Moisés; a intenção é mostrar Moisés capaz não só de julgar, mas também de ser julgado e de receber um ensinamento proveitoso para ele e para o bem do povo. O conselho, recebido e acolhido, exige que uma decisão seja tomada (cf. Is 14,27; 32,8). Outras ocorrências do verbo אִיעָצְךָ (cf. Nm 24,14; 1Rs 1,12; Jr 38,15) estão inseridas, igualmente, em um contexto no qual a morte pode acontecer. É sábio, igualmente, quem escuta e acolhe o conselho de alguém mais experiente (cf. Pr 13,10). Em contrapartida, o insensato não dá ouvidos aos mais experientes (cf. Ez 11,2). Foi o triste caso de Roboão, quando assumiu o trono no lugar de seu pai Salomão. A sua insensatez, pela tradição bíblica, foi o motivo que levou à ruptura do reino (cf. 1Rs 12,6.8-9.13; 1Cr 10,6.8-9), base para a futura destruição que viria para Israel, com a queda de Samaria, e Judá, com a queda de Jerusalém.

w A expressão *e que Deus esteja contigo* é única na Bíblia Hebraica, mas reforça a fala de Jetro, pois coloca a divindade como critério das suas palavras diante de Moisés. A presença de Deus, evocada por Jetro, é um apelo determinante para que ele seja ouvido, isto é, obedecido. Pode-se ver, aqui, um sentido bem próximo para o forte imperativo que está presente no *shemá Israel* (cf. Dt 5,1; 6,4). Há em Gn 21,20 uma alusão à *presença de Deus* que salva Ismael, o faz crescer e prosperar no deserto. Gn 21,22 traz, somente, uma frase nominal: *Deus é contigo*. A expressão, porém, é paralela a YHWH *esteja contigo* (cf. 1Sm 20,13; 1Cr 22,16). As expressões, formadas com um nome divino, representam, ao mesmo tempo, um augúrio e uma interpelação. Jetro apela para o que, de fato, importa para

Moisés: ser um homem no qual a presença de Deus é experimentável. A presença divina era o critério *sine qua non* para que o povo pudesse ver sentido e verdade nas palavras e nas ações do seu líder (cf. Dt 31,23; Js 1,5; 3,7; 1Rs 11,38; Is 41,10; 43,5; Jr 15,20), mas, também, indicava um apelo para que a instrução fosse ouvida, acolhida e praticada pelo destinatário da fala: Moisés, em primeiro lugar (cf. Ex 3,12; 4,12). Jetro reconhece que o Deus ao qual Moisés serve está com ele, mas apela para esse mesmo Deus, a fim de que o seu conselho fosse ouvido e praticado por seu genro. Tal apelo descarta uma ação arbitrária ou imposta por Jetro a Moisés. O apelo para a autoridade divina aparece confirmado no v. 23 de forma incisiva: וְצִוְּךָ אֱלֹהִים (*Deus te ordena*). No fundo, Moisés devia ouvir Jetro da mesma forma que sabia ouvir Deus; devia obedecer à voz de Jetro da mesma forma que obedecia à voz de Deus.

ˣ A expressão מוּל הָאֱלֹהִים é única em todo o Antigo Testamento, mas parece querer corrigir um momento anterior. Deus, para convencer Moisés a voltar para o Egito, no contexto sobre o uso da palavra, disse que Aarão seria a sua boca, e ele seria, para Aarão, um deus (cf. Ex 4,10-16). Como tudo aconteceu de acordo com o previsto por Deus, Moisés estaria querendo assumir, sozinho, o que antes não queria que lhe acontecesse nem partilhado. Jetro mostrou para Moisés qual o seu verdadeiro papel após a libertação. A dimensão profética de Moisés aparece bem evidenciada. Ele deveria estar e agir como mediador entre Deus e o povo, ou estar diante de Deus a favor do povo, daí o sentido de ele ser um representante de Deus. O termo מוּל é ambíguo, pois, como verbo, significa "circuncidar" e, como preposição, significa "diante de"; logo, pode ser usado como sinônimo de לְפָנָיו e מִפָּנָיו. Unindo os dois significados, Moisés é um representante de Deus enquanto é um circunciso de Deus, como o fora Abraão e, por isso, pode estar diante de Deus pelo povo (cf. Gn 17,10; Ex 4,25). Através de Moisés, a aliança será selada e ele servirá de anteparo diante da grandeza de Deus, conforme aparece na teofania do Sinai, fazendo o povo dizer: *e disseram a Moisés:*

fala tu conosco e daremos escuta, mas não fale Deus conosco, para não morrermos (Ex 20,19).

y Visto que Moisés estaria diante de Deus, representando o povo, ele seria o seu porta-voz. As palavras do povo estariam sobre os lábios de Moisés, para que ele as comunicasse a Deus. Fica sublinhado o papel do mediador por meio da palavra. Deus ouviria o povo na voz de Moisés, como o povo ouviria Deus na voz de Moisés. Jetro pôde dar esse conselho, pois ouvira tudo o que o Senhor tinha feito a favor de Moisés e do seu povo, libertando-o do Egito (cf. Ex 18,1). Do próprio Moisés, Jetro ouvira ainda mais a respeito das vitórias sobre as dificuldades surgidas ao longo da primeira etapa da marcha (cf. Ex 18,8). Jetro possuía, então, elementos suficientes para colocar Moisés diante dos próprios fatos já ocorridos e por ele narrados. Esses fatos tinham sido a razão da alegria, da bênção e do culto realizado por Jetro (cf. Ex 18,9-12). Em outras palavras: contra fatos, não há argumentos! Jetro sabia o que estava dizendo e Moisés, por sua vez, não tinha como negá-los.

v. 20 e lhes instrua os preceitos e os ensinamentos,[z] e lhes faça conhecer o caminho[aa] no qual eles devem percorrer[bb] e as obras que eles deverão fazer.[cc]

z O conselho de Jetro não anula ou rebaixa Moisés no seu papel como juiz, mas o eleva como homem instruído na Lei de Deus, antes mesmo que ela seja proferida ou homologada (Ex 20; 31,18; 34,1-4). Moisés é o homem dos *preceitos e ensinamentos* de Deus. Pela índole dos litígios presenciados e pelo que Moisés relatou para Jetro, percebe-se que genro e sogro tinham uma certeza: a dimensão religiosa possui e exerce um forte papel judicial na vida do líder e do povo (FISCHER-MARKL, 2009, p. 203). Jetro demonstrou ser alguém que sabia perscrutar a vontade de Deus, em um modo ainda pouco familiar a Moisés. Deus não fala somente através de pessoas específicas do povo eleito. Jetro é, em um sentido positivo, como o estrangeiro Balaão, que sabe ouvir, ver, conhecer e interpretar os desígnios de Deus (cf. Nm 24,4.16).

aa Mais do que ensinar a rota pelo deserto, evitando os seus perigos e carências, dar a conhecer o caminho evoca o conjunto dos ensinamentos que os libertos precisavam aprender para continuarem livres. A mudança de conduta, que faz diminuir os litígios, advém do conhecimento de Deus pelo dom da aliança. Estar no caminho certo é estar na verdade e no bem. Isto é procurar a justiça que estabelece a paz entre os libertos. Pode-se entender, então, que percorrer o caminho rumo ao Sinai é progredir no conhecimento da vontade de Deus. Deste conhecimento derivam as obras que os libertos *deverão fazer*.

bb O verbo no hifil, וְהִזְהַרְתָּה, indicando que o povo instruído será a causa do seu reto caminhar, ocorre somente aqui em todo o livro do Êxodo. Grande ênfase nesse verbo encontra-se no livro de Ezequiel, com um total de dezesseis ocorrências, insistindo sobre a instrução que serve de admoestação, um alerta para que o mal seja evitado. O mesmo verbo aparece na reforma empreendida por Josafá (cf. 2Cr 19,10). Esse é um dado que favorece a hipótese sobre a instituição de um tribunal, nos moldes mosaicos, na gestão de Josafá sobre Jerusalém (CRÜSEMANN, 2002, pp. 126-127). Ecl 4,13 afirma que é melhor ter um rei pobre, mas sábio, do que um rei velho, mas estulto, que não consegue usar o próprio conhecimento. Dn 12,3 joga com o verbo, mostrando que a sabedoria e a justiça possuem esplendor. Ensinar, então, é fazer brilhar a verdade e a justiça no meio dos homens pela obediência a Deus.

cc Como o agir segue o ser, o conhecimento determina o comportamento. O povo, instruído por Moisés, passou a ter condições de saber o que devia fazer e o que devia evitar. O conselho de Jetro instruiu Moisés a dar passos concretos: diante de Deus, ele é o porta-voz do povo e das suas necessidades; diante do povo, ele é um mestre, que deve ensinar os preceitos e os ensinamentos de Deus. O caminho a ser percorrido é o caminho da justiça e da prática do bem. O povo, assimilando esses ensinamentos, seria um povo instruído e capaz, em teoria, de praticar o bem e evitar o mal. Esse conjunto de elementos aparece bem elaborado no livro do Deuteronômio, um compêndio de instruções sobre a busca e a prática da justiça, um projeto social no qual todos são iguais perante Deus (GARCÍA LOPEZ, 1992, pp. 48-49). O livro do Deuteronômio expõe uma síntese do caminho percorrido no deserto e das instruções recebidas antes de o povo entrar e tomar posse da Terra Prometida.

v. 21 Tu, porém, dentre todo o povo, elege[dd] homens valorosos,[ee] que temam a Deus,[ff] homens de verdade,[gg] avessos ao proveito;[hh] e os instituirás[ii] chefes de mil, chefes de cem, chefes de cinquenta e chefes de dez.[jj]

[dd] Literalmente: *e tu verás, dentre todo o povo, homens valorosos*. O verbo חָזָה é um ver-escolher profético. Os homens escolhidos por Moisés devem possuir as qualidades dos futuros profetas de Israel, homens que praticam a justiça e o direito, porque andam nos caminhos do Senhor e buscam fazer o povo andar nesse mesmo caminho.

[ee] Os critérios são enumerados e eles servem tanto para admitir como para eliminar os "candidatos". Jetro propôs quatro critérios eliminatórios, base para Moisés executar a escolha dos que seriam seus colaboradores diretos. Como líder, chamado e separado por Deus para realizar uma missão específica, Moisés, representante de Deus, será quem vai eleger os homens capazes dentre o povo. Esta escolha demanda conhecimento e interatividade com todo o povo liberto. Para que o peso da tarefa seja dividido, realmente, não basta escolher algumas pessoas. O primeiro critério, dado por Jetro, foi elementar e, ao mesmo tempo, fundamental. A expressão אַנְשֵׁי־חַיִל aparece, pela primeira vez, na fala do "Faraó" a José, dando a entender que ele deveria ser capaz de encontrar, no meio dos seus irmãos, quem fosse como ele, capaz de tomar conta do rebanho (cf. Gn 47,6). Nesse caso, o rebanho poderia ser visto como

indicador de exército. Jz 20,44.46 pode apoiar essa interpretação, os benjaminitas, que tombaram na batalha fratricida, eram homens aptos e valorosos na guerra. A morte de Urias aconteceu porque ele foi colocado no local onde a frente inimiga tinha os seus melhores homens (cf. 2Sm 11,16). A Jerusalém repovoada por Neemias contou com um grande número de homens valorosos da família de Farés (cf. Ne 11,6). O salmista, evocando o Deus de Israel, como guardião de Jerusalém, atesta que nenhum homem valoroso pode resisti-lo (cf. Sl 76,6). A destruição de Nínive, anunciada por Naum, ocorreu pelas mãos de homens valorosos (cf. Na 2,4). Visto dessa forma, percebe-se que Jetro estava propondo a Moisés uma ação que fosse, ao mesmo tempo, sábia e que a sua escolha levasse em conta a capacidade bélica dos homens a serem investidos nessa missão. Esses homens, inicialmente, deveriam ser o que Moisés não era: líder bélico, uma função que Moisés já tinha atribuído a Josué (cf. Ex 17,9). Os juízes Barac e Gedeão salvaram o povo por meio de uma ação bélica (cf. Jz 4,6; 6,12). Os dois primeiros reis de Israel, Saul e Davi, foram líderes bélicos (cf. 1Sm 9,1; 18,5; 2Sm 5,2).

ff Outros três critérios são adicionados ao primeiro, mostrando que a qualificação bélica era importante, mas não era a fundamental. Esses homens deveriam ser e possuir algo mais específico, eles tinham que ser *tementes a Deus*. Esta virtude vinha de Moisés, que dera provas de ser tal homem. Colocar Deus e a sua vontade em primeiro lugar devia ser o critério de quem colocava a sua força não nas suas capacidades, mas no modo como se relacionava com Deus. O homem, segundo a tradição bíblica do livro do Gênesis, que mais se encaixou nesse perfil, foi Abraão, porque manifestou seu temor de forma obediencial, aceitando sacrificar o seu próprio filho, recebendo uma solene atestação da parte de Deus: *agora sei que temes a Deus* (cf. Gn 22,12). Na tradição sobre o êxodo, Josué vive e age como um homem temente a Deus (cf. Ex 33,11; Nm 14,6; 27,18). Em Sarepta, a viúva agraciada por Elias reconheceu que ele era um homem de Deus porque em sua boca estava a palavra de

Deus (cf. 1Rs 17,24). O critério do temor a Deus aparece, também, na escolha de quem Neemias confiou o comando de Jerusalém (cf. Ne 7,2).

gg Ao dizer *homens de verdade*, indicava-se que esses homens deveriam ser praticantes da verdade, isto é, fiéis a Deus. Jetro dava a entender que deveriam ser homens firmes nas suas palavras e nas suas ações, honestos e dignos de confiança. A fidelidade a Deus tornava-se visível na adesão e prática da verdade. Sem esse critério, a corrupção toma conta.

hh Literalmente, *que odeiem vantagem*, ou *lucro* que fosse um fruto de avareza ou de ganhos desonestos. Ser livre de corrupção era fundamental para que, em um julgamento, o culpado não saísse favorecido e o inocente incriminado (cf. 1Rs 21,7-14). Algo combatido pelos profetas (cf. Jr 6,13; 8,10; Ez 22,27; Hab 2,9; Ml 3,14).

ii No episódio das águas amargas (cf. Ex 15,22-27), o verbo שִׂים foi usado duas vezes em um contexto jurídico, favorecendo a compreensão desse conselho de Jetro (vv. 25-26). No episódio da guerra contra Amalec, o mesmo verbo, também, foi usado duas vezes. A primeira vez, para indicar a ação de Aarão e de Hur que colocaram uma pedra debaixo de Moisés, isto é, souberam o que fazer diante da situação. A segunda vez, na fala do Senhor que ordenou a Moisés que declarasse aos ouvidos Josué, isto é, instruí-lo sobre o sentido da vitória sobre Amalec. Josué, a partir disso, teria um testemunho escrito sobre o que deveria fazer no momento da tomada de posse da Terra Prometida. Moisés, ouvindo Jetro, devia colocar homens à frente de grupos de grandeza diferenciada. O que se esperava com essa disposição era uma organização que sistematizasse as questões e, assim, o fardo de Moisés ficaria mais leve e específico. A instituição desses líderes visava à saúde física de Moisés e ao bem do povo que peregrinava na direção do Monte Sinai, no qual receberia as instruções que garantem a vida. No texto paralelo, o verbo שִׂים tem o Senhor por sujeito da ação, quando retirou um pouco do espírito de Moisés para dar aos anciãos, a fim de aliviar o seu fardo (cf. Nm 11,11). Moisés, reconhecendo válido o conselho de Jetro, estava admitindo a sua limitação e interpretando a participação do seu poder, com os homens capazes, como um querer de Deus para o seu próprio bem e o bem do povo.

jj Após indicar os quatro critérios para a justa escolha dos que seriam instituídos como líderes, ao lado de Moisés, Jetro propôs que a divisão das responsabilidades fosse organizada por quatro grupos de grandezas diferenciadas. A natureza da dimensão dos grupos devia ser proporcional aos tipos de questões a serem julgadas. Esta subdivisão, inicialmente, não reflete uma forma de organização civil ou governamental, no sentido de junções jurídicas específicas, mas são medidas assumidas em função de uma disposição militar, para atuar em casos de guerra (cf. 1Sm 8,12; 29,2; 2Sm 18,1). Se a proposta, porém, pudesse ser considerada como a criação de tribunais espalhados pelo acampamento, a ideia subjacente exigiria, muito mais, que fosse uma instituição vigorando em condições mais abrangentes, como durante o período da monarquia. Não fica descartada a possibilidade de essa realidade não ter vínculos históricos imediatos com o período do deserto, mas teria sido uma realidade retroprojetada, funcionando como uma etiologia da jurisprudência organizada em Israel (CRÜSEMANN, 2002, p. 126). A capacidade experimentada no comando militar podia ser um critério considerado válido para a eleição de alguém como juiz. É o caso dos salvadores que atuam no livro dos Juízes. E foi um critério para a eleição de Saul e Davi como reis de Israel. Em todo caso, a imagem de Moisés sugere uma pessoa sobre a qual se acumulam competências, que depois foram distribuídas para diversos grupos e pessoas.

Eles julgarão o povo,[kk] em todo o tempo;[ll] e todo debate que for v. 22
grande, eles trarão a ti, mas todo debate pequeno eles os julgarão.[mm]
Assim aliviarás o peso de sobre ti,[nn] pois eles o carregarão contigo.[oo]

kk Os escolhidos estariam à frente dos diferentes grupos, com a missão de julgar o povo, isto é, estabelecer a justiça quando necessário. Nesse momento inicial, o critério usado foi o da proporção das questões: se as causas fossem grandes e difíceis, elas ficariam reservadas ao julgamento de Moisés, mas, se as causas fossem pequenas, seriam julgadas pelos juízes escolhidos. Este critério genérico de dificuldade não contemplava, porém, a distinção sobre que questão seria considerada grande ou difícil e que questão seria considerada pequena ou fácil.

ll Este dado temporal tem a ver com a postura de Moisés: *sentado do amanhecer ao entardecer*. Com a divisão das tarefas judiciárias, Moisés teria mais tempo para se ocupar com a formação do povo, segundo os preceitos e os ensinamentos de Deus. Outrossim, a vigilância dos juízes e a sua prontidão garantiriam que o fardo de Moisés fosse aliviado. Não haveria um só momento sem que essa ajuda deixasse de acontecer. É um critério de tranquilidade para o líder, sabedor de que os homens escolhidos desempenhariam a sua missão.

mm Nada se diz quanto ao que seria dado a cada chefe de grupo. O povo deveria se dirigir, primeiramente, a eles. Algumas questões surgem: Quem faria a seleção dos casos? Quem organizaria o povo de acordo com as suas questões? Em que pontos do acampamento os chefes de mil, de cem, de cinquenta e de dez ficariam e atuariam? Ao que tudo indica, primeiro seria necessário dividir o povo de acordo com essa disposição. Todavia, quem faria parte de cada grupo? Homens e mulheres, ou só homens? Qual seria o critério adotado para essa classificação? Esses elementos não foram oferecidos pelo sogro de Moisés. Deve-se aceitar que os casos grandes ou graves seriam os que estariam acima das capacidades dos homens escolhidos. Estes casos ficariam reservados ao julgamento de Moisés. O critério é positivo e salvaguarda a liderança e a importância de Moisés. Ao dividir o peso das tarefas, via-se, com mais clareza, o papel do líder e criava-se uma dependência de competências entre Moisés e os homens escolhidos. Moisés continuaria o referencial.

nn Moisés, assumindo o conselho de Jetro, seria o real protagonista da escolha que lhe daria melhores condições para continuar conduzindo o povo. Jetro, com isso, não se coloca sobre a autoridade de Moisés.

oo Essa conclusão seria o primeiro efeito do conselho assumido e aponta para os benefícios da responsabilidade partilhada, mas exige a retomada da observação de Jetro: Moisés estava colocando sobre si um fardo pesado e, se continuasse, fazendo desse modo, sucumbiria e faria sucumbir o povo. Em contrapartida, ao descentralizar o poder judicial de suas mãos, Moisés poderia contar com a ajuda dos homens escolhidos, que aliviariam o seu fardo. A ideia teológica, quanto aos problemas a serem julgados, favoreceria uma correta concepção: o julgar incorre em absolver o inocente e fazer o culpado carregar a sua culpa (cf. Lv 19,17; 22,9; Nm 18,32). O mesmo verbo foi utilizado, após esse episódio, vinte e seis vezes no livro do Êxodo. Em particular, foi usado para falar do modo como a arca devia ser transportada, dentro da qual estava o "peso" que Israel devia suportar para continuar sendo um povo livre: as pedras da Lei. O único, de fato, que pode suportar o peso de Israel, e de forma "leve", é o Senhor que o levou sobre "suas asas" (cf. Dt 32,11).

Se assumires esta palavra, que te ordena Deus,**pp** então poderás ficar de pé,**qq** e também este povo seguirá em paz para o seu lugar."**rr** v. 23

pp A palavra-ensinamento de Jetro para Moisés tem peso de profecia. Rejeitar essa palavra é comprometer a própria vida e a vida do povo que foi confiado a Moisés. Jetro sabia, perfeitamente, que Moisés se tornara um homem temente ao Deus que os tirara do Egito. Assumir como próprio e colocar em prática esse conselho não deveriam ser um simples gesto de obediência de Moisés a Jetro, mas a uma ordem desejada pelo próprio Deus. O argumento colocado como uma ordem divina se tornou incontestável para Moisés, que, prontamente, acolheu o conselho de seu sogro, isto é, agiu em seu favor e a favor do povo. A obediência pedida a Moisés ilustra a luta dos profetas, homens da Palavra de Deus, contra as injustiças praticadas pelas lideranças do povo, continuamente exposto ao erro da idolatria, que é a fonte das injustiças.

qq A consequência que Jetro alcança com a obediência de Moisés ao seu conselho evoca a primeira notícia relativa à posição que o povo assumira em relação a Moisés (cf. Ex 18,1). Há, portanto, uma mudança e uma inversão na posição, Moisés continuará de pé, guiando o povo na direção de Deus. A postura de Moisés tem a ver com a continuidade da marcha, para alcançar o objetivo proposto com a libertação do Egito. Essa postura é indicadora de uma condição que tem a ver com a presença de Deus e o seu querer para o povo (cf. Gn 18,22; Ex 33,10; Nm 14,14).

rr Líder e liderados devem alcançar o objetivo estabelecido: comparecer ao Monte Sinai. O líder necessitava resistir, isto é, não esmorecer no caminho, do contrário, a tentação de voltar para o Egito ficaria mais forte. Se o povo pudesse caminhar em paz, graças à justiça praticada por um líder que soube corresponsabilizar o seu papel, teria melhores condições para suportar as dificuldades que estariam por vir. O líder não poderia chegar ao Monte Sinai sem o povo, e tampouco o povo deveria chegar sem o seu líder, do contrário, os dois teriam fracassado e, em última instância, o Senhor teria fracassado.

v. 24 Moisés escutou a voz do seu sogro e fez tudo como ele dissera.**ss**

ss Moisés, novamente, não colocou resistências diante do conselho que recebeu do seu sogro. Moisés obedeceu a Deus, obedecendo Jetro. Nessa dinâmica, fica claro o interesse da narrativa: para alcançar o objetivo, deve-se obedecer à voz de Deus. Jetro falou e agiu diante de Moisés como um profeta de Deus, não buscando algum tipo de interesse pessoal, mas colocou o líder diante das responsabilidades assumidas perante Deus e o seu povo. A obediência de Moisés ao conselho de Jetro tornou-se um parâmetro para questionar as palavras e as ações dos futuros líderes do povo eleito. Obedecendo a Jetro, problemas puderam ser evitados, a fim de que não se comprometesse o objetivo da missão.

Então, Moisés escolheu[tt] homens valorosos dentre todo o Israel e os constituiu chefes do povo: chefes de mil, chefes de cem, chefes de cinquenta e chefes de dez.[uu] v. 25

[tt] A ação de Moisés explica o sentido do versículo 21, no qual o ver refere-se à escolha a ser feita. Quem é capaz de ver, isto é, de encontrar os homens capazes, pode escolher com segurança. Segundo Dt 1,13-17, o povo teria sido envolvido na escolha dos seus líderes, homens que, em cada tribo, já se destacavam por serem sábios e dotados das qualidades necessárias para serem líderes. Moisés, porém, foi quem lhes conferiu a autoridade para chefiar os grupos de mil, de cem, de cinquenta e de dez. A autoridade dos escolhidos é uma participação na autoridade do próprio Moisés. Além desses homens eleitos, escribas foram estabelecidos para, talvez, colocarem por escrito as sentenças emitidas. A tarefa continuaria a mesma: julgar com justiça os irmãos, ajudando-os a permanecer no caminho (rumo ao Sinai = caminho da verdade e da justiça) e a praticar as obras condizentes com os preceitos e os ensinamentos de Deus.

[uu] Este versículo condensa o conselho de Jetro e afirma que Moisés foi capaz não só de ouvir, mas também de seguir, literalmente, o conselho recebido em total obediência. O líder, ouvindo as palavras sábias do seu sogro, demonstrou-se, de fato, preocupado com o bem do povo. Moisés não é mais o homem que colocava obstáculos para não aceitar algo em sua vocação e missão (cf. Ex 3,1–4,18). Ele é um homem burilado pelo poder de Deus e a sua atitude favorecerá os futuros diálogos com Deus, colocando-o como antagonista do povo de dura cerviz. Esta obediência prepara e predispõe

Moisés para ouvir e obedecer à voz de Deus, as suas instruções e os seus ensinamentos a serem transmitidos para o povo. A ênfase recai sobre a capacidade obediencial de Moisés. Em contrapartida, Moisés não será sempre ouvido e obedecido pelo povo. Diga-se, ainda, que essa organização denota uma formação piramidal, na qual mil são chefiados por um; cem são chefiados por um; cinquenta são chefiados por um; dez são chefiados por um, mas todos são liderados por um, que é Moisés.

v. 26 Eles julgaram o povo, em todo o tempo; o debate pesado,[vv] porém, eles traziam para Moisés, enquanto o debate pequeno, eles julgavam.[ww]

[vv] הַדָּבָר הַקָּשֶׁה é uma variante ao versículo 22: כָּל־הַדָּבָר הַגָּדֹל. Nota-se o sentido pretendido: o debate grande é considerado pesado ou demasiado duro para ser resolvido pelos juízes. Na crítica de Moisés ao povo, antes de morrer, aparece também הַקָּשֶׁה, dando a entender que o povo continuou obstinado na sua conduta (cf. Dt 31,27).

[ww] Os versículos 25-26 repetem, praticamente, todo o conteúdo dos versículos 21-22. Ao dizer que Moisés *escolheu homens valorosos*, ficava subentendido que esses homens tinham as qualidades necessárias para atuarem como juízes diante dos diferentes grupos. Moisés, por sua vez, soube fazer a escolha e, ao instituir os chefes, deu-lhes autoridade para agir conforme o sentido do conselho recebido do seu sogro.

v. 27 Depois disso, Moisés deixou seu sogro partir e ele voltou para a sua terra.[xx]

[xx] No versículo 13, Moisés apareceu sentado, enquanto o povo estava de pé, mas o texto silenciou o seu ato de se levantar, dando a entender que o movimento jurídico tivesse alcançado uma conclusão. Teria Moisés, depois de toda a conversa que tivera "no dia anterior" (cf. Ex 18,7-8), buscado um modo de impressionar o seu sogro (cf. Ex 18,13.15-16)? Ou seria uma tentativa para que Jetro visse que

Moisés não poderia tomar conta da sua filha e de seus netos? O texto, porém, diz que Jetro voltou sozinho, para a sua terra, devido ao consentimento de Moisés (cf. Ex 18,27).

Atualização pastoral

Para liderar, é preciso se preocupar com o povo

A saída do Egito aconteceu por vontade divina; foi algo portentoso, mas também foi uma ação difícil e traumática. Moisés e Aarão enfrentaram muitos obstáculos e não desistiram da missão; contestados, eles não recuaram, mas acreditaram na libertação, procurando mostrar o Senhor como o único e fiel juiz das causas impossíveis. Do contrário, que sentido teria Moisés aceitar a missão e regressar ao Egito? Seria Moisés um líder vicário, capaz de sofrer e dar a sua vida pelo bem-estar do povo que tantas vezes o rejeitou?

O Senhor era o único que poderia libertar o seu povo, mas Ele quis contar com a participação de Moisés, de Aarão e dos anciãos (GRENZER, 2004, p. 110). Além disso, o povo precisava aderir ao projeto libertador de Deus. Convencer o povo quanto à viabilidade desse projeto foi algo tão difícil quanto se apresentar e enfrentar o Faraó e o seu exército (cf. Ex 5,20-21).

O modo como Moisés e Aarão deviam comparecer diante do Faraó lembrava uma ação processual, pois assumiram uma posição jurídica: o Senhor estava contra o Faraó (cf. Ex 7,15; 8,16; 9,13). Assim, a ação libertadora aconteceu como uma sentença que o Senhor decretou sobre o Faraó e o Egito, apesar de ter feito várias tentativas para que o castigo final fosse evitado. Essa experiência ficou na lembrança do povo e transformou-se em certeza de fé diante de todas as situações de opressão, que necessitavam de uma intervenção jurídica.

O papel de um juiz não está restrito somente a um tribunal. Promover a justiça, no meio do povo e para o povo, implica restabelecer a paz. Se Moisés devia se sentar para julgar o povo, do amanhecer ao entardecer, significava que existiam muitas tensões entre os libertos. Se houve a necessidade de um ato jurídico, era preciso assumir uma postura condizente e um papel competente.

Uma prova dessas tensões encontra-se nas contínuas murmurações do povo, contra Moisés, por causa de água e de comida. Moisés, porque assumiu as dores de um povo considerado de dura cerviz (cf. Ex 33,5; 34,9; Dt 9,6.13), tornou-se o alvo de murmurações e reclamações de toda espécie de questões. Apesar de tudo isso, Moisés procurou amenizar essas questões, tentando estabelecer a justiça e promover a paz entre os libertos. Algo louvável, mas desastroso se ficasse, somente, em suas mãos.

A atitude de Moisés, permanecendo o dia inteiro para julgar as questões, revelou o seu interesse pelo povo; mas, para realizar o bem, era preciso que o *bem* fosse *benfeito*. Era preciso abrir espaço e criar uma organização à altura das necessidades do povo. Moisés aprendeu mais essa lição do seu sogro. Alguém que se fez próximo e necessário na vida de Moisés.

A figura de Moisés, que emerge como juiz em Ex 18,13-27, demonstra o seu interesse pela vida interna do povo em marcha. Estar no deserto e no meio do nada fez de Moisés um alvo de contendas. Ninguém quer viver na penúria! A falta de víveres básicos podia ter desencadeado uma série de problemas entre os libertos. O episódio em questão evoca um momento fundamental da história do povo eleito: a necessidade de estabelecer um parâmetro entre a ação da justiça divina e o delito humano.

Não existem receitas prontas para as questões e os litígios que surgem no meio do povo. Estabelecer a justiça e o direito, isto é, restaurar a paz, requer uma adesão pessoal à verdade. É preciso que o culpado se reconheça culpado e que a pessoa lesada esteja disposta a perdoar quem a lesou. Os tribunais, normalmente, exercem o poder da justiça para condenar ou inocentar uma pessoa levada a julgamento. Se o réu é culpado, merece o justo castigo, mas, se é inocente, merece, também, ao lado da inocência declarada, a justa reparação pela ofensa e acusação recebidas.

Nos nossos dias, continuamente, surgem novos, grandes e graves problemas individuais e sociais. Não faltam propostas, teóricas e práticas, para se enfrentar e alcançar uma solução para os diversos tipos de conflitos humanos. Fala-se muito na criação de organismos capazes de mediar as partes em conflito, a fim de que elas entrem em diálogo, chegando à solução reconciliadora. Mas será que isso é suficiente?

Existem numerosas situações em nossas comunidades eclesiais que pedem uma intervenção notória de um "Jetro", isto é, de alguém que seja capaz de se aproximar do "líder" e lhe mostrar um jeito novo de proporcionar o bem para o povo que lhe foi confiado. De igual modo, o verdadeiro líder é aquele que sabe orientar os que o procuram, respeitando as suas limitações. A orientação justa, para os que necessitam, acontece à medida que o líder aceita, ao seu lado, outras pessoas capazes. O líder tem a última palavra quando ele abre mão dela para o bem da sua comunidade.

Para liderar, é preciso descentralizar o poder

Moisés era procurado pelo povo para resolver os seus problemas. Nada mais justo, pois quem tirou o povo do Egito assumiu obrigações morais em relação dos libertos e com as suas necessidades. Moisés não recuou em face aos problemas, mas estava assumindo, sozinho, esse peso e responsabilidade. Na verdade, Moisés estava criando um grande problema para si e para o povo, que não suportaria a morosidade para obter uma solução para as suas questões.

Os murmúrios aumentariam, pois os casos não seriam iguais em dimensão, em grau e em importância. Não se deve pensar, porém, que a atitude centralizadora de Moisés fosse espúria e egoística; era, certamente, pouco ou nada condizente com a realidade. Foi nesse momento que a perspicácia e a visão sagaz do sogro tornaram-se uma luz para o genro. Jetro viu de fora e pôde perceber o que, de fato, estava acontecendo por dentro. Jetro podia não se meter nos afazeres de seu genro, mas não quis ficar calado e indiferente.

Em primeiro lugar, o sogro agiu como um verdadeiro amigo, demonstrando preocupação pelo genro. Em segundo lugar, Jetro agiu como um sincero juiz entre Moisés e o seu povo. Emitiu o seu julgamento e "condenou" a forma como Moisés realizava a tarefa de juiz. O seu juízo foi claro: um homem sozinho, apesar de ser muito habilidoso, interessado e capaz, não poderia julgar um povo tão numeroso. Não era sensato e tampouco eficaz que os casos ficassem na dependência da autoridade de uma única pessoa. Isso foi, é e sempre será uma insensatez. Um líder sensato aprende que não pode estar presente em todas as questões do seu povo e sabe que não é capaz de resolver tudo sozinho (cf. Nm 11,10-30).

O conselho de Jetro viabilizou uma solução eficaz no momento em que propôs a criação de um grupo de juízes. Moisés aceitou esse conselho porque percebeu que o grupo a ser criado não seria uma organização independente ou um poder paralelo. Moisés os escolheria e eles deveriam possuir certas qualidades, sem as quais não seriam competentes e não poderiam atuar ao seu lado. A delegação do poder tinha um objetivo preciso: julgar as questões menores. Com isso, preservava-se uma hierarquia bem definida: com Moisés as questões maiores e com os juízes as questões menores.

Nos vários seguimentos da sociedade, em particular em nossas comunidades eclesiais, não é difícil encontrar pessoas que querem ter e concentrar em si mesmas o poder. Assiste-se, continuamente, como o poder "sobe à cabeça" dessas pessoas. A opressão é um dos primeiros sintomas. Nem sempre se faz uma justa distinção entre poder e autoridade. O primeiro pode ser recebido, mas também perdido. O segundo é um dom, capaz de descentralizar o poder, a fim de articular bem as diversas tarefas. Abrir mão da solitária liderança é ser capaz de colocar o poder recebido a serviço do equilíbrio e do melhor desempenho dos liderados. É dar uma chance para novos talentos serem descobertos.

Em nossas comunidades eclesiais, à medida que o líder se preocupa com a formação humana, bíblica e teológica dos seus fiéis, ele pode ser capaz de perceber as pessoas aptas aos diversos tipos de ministérios. Com isso, toda a comunidade cresce favorecida por uma organização bem preparada para atuar a favor do plano salvífico de Deus: gerar uma humanidade mais justa, solidária e fraterna. Espera-se que as lideranças, atuantes nos diversos ministérios, não façam do seu *status* uma forma de usurpação do poder recebido. A dinâmica é outra e o bom desempenho acontece à medida que a comunidade pode contar com a ação integrada e voltada para a prática do bem comum.

Como proceder na escolha?

Os requisitos eliminatórios propostos por Jetro, para que Moisés pudesse escolher e instituir certos homens com poder de decisão sobre o povo e as suas questões, em especial para o ofício de juízes, são critérios válidos para todas as épocas, lugares e segmentos da sociedade. Lamentavelmente, porém, não são levados em conta ou, quando são considerados, não são cumpridos.

O fracasso do poder judiciário em qualquer nação ou comunidade eclesial é atribuído, em primeira mão, ao não cumprimento dos quatro critérios que Jetro apresentou a Moisés. Um, em particular, sobressai: que os homens não sejam corruptos, mas tementes a Deus. Pode-se dizer que o temor de Deus é a base para que se tenha a verdade como guia e critério decisório.

Como proceder na escolha? Em primeiro lugar, é preciso a observação atenta das pessoas, reconhecendo nelas as virtudes necessárias, em particular a retidão e o desapego aos cargos. Em segundo lugar, a escolha deve contar com uma séria preocupação altruísta. Quem pensa somente em si mesmo não serve para se ocupar com os problemas alheios, e não pode mediar os conflitos. Em terceiro lugar, a abertura para o poder descentralizado não é a perda do poder, mas um meio eficaz de alcançar a justiça. Em quarto lugar, é preciso investir na formação das lideranças, a fim de que cresçam no conhecimento, para agir com mais eficiência e eficácia. A capacitação dos escolhidos advoga a favor deles quando os liberta do poder e torna-os exigentes no compromisso com o serviço ao próximo, de forma desinteressada e altruísta.

Essa escolha não teria acontecido se Moisés não tivesse demonstrado abertura para acolher o conselho de Jetro. Moisés não fez do poder um meio para se promover, mas acreditou que a melhor forma de fazer justiça ao povo era dando ao povo novas lideranças. Moisés não possui o poder absoluto, mas possui uma graça absoluta: repartir com os homens escolhidos a sua vocação e missão. O ensinamento contido nesse episódio aponta para uma instituição a favor do povo, que não somente tem ou cria problemas para o líder, mas que almeja por soluções para os seus problemas. Quer justiça para que a paz possa reinar.

Em síntese

Em Ex 18,13-27 tem-se a primeira menção do poder partilhado com um grupo escolhido para agir com poder de decisão no meio do povo eleito. Todavia, a sua colocação no livro do Êxodo, tomada como uma etiologia a respeito dessa instituição, mostra que Jetro foi o primeiro a apontar a validade do poder descentralizado, partilhado e delegado a uma espécie de colegiado jurídico (FISCHER-MARKL, 2009, p. 204). O conselho foi, ao mesmo tempo, uma crítica à organização da justiça, praticada por Moisés, de forma solitária, e uma proposta substancial de superação desse sistema, apresentando melhorias concretas (FISCHER, 2006, p. 120).

É particularmente significativo, para todo o Antigo Testamento, que a iniciativa de tal organização e distribuição das tarefas tenha vindo do sogro de Moisés. Este fato denota uma formação interna do povo eleito, das lideranças às bases, influenciada pela intervenção estrangeira. Ao mesmo tempo, coloca o Israel do Antigo Testamento aberto para aprender a agir, no âmbito da justiça, com os povos circunvizinhos. Esse influxo estrangeiro foi visto de forma positiva.

Ex 18,13-27, situado na época do deserto e antes da chegada ao Sinai, gira em torno de uma questão fundamental: o exercício da justiça de forma pública. O povo acampado prenunciava, simultaneamente, o crescimento da população e a sua sedentarização. Novas exigências foram surgindo à medida que o povo avançava em direção à Terra Prometida, isto é, à realização do projeto do seu Deus.

A descentralização do poder, com a distribuição da autoridade, proposta e aceita por Moisés, para um povo em marcha, fundamenta a eleição de pessoas capazes para exercer a justiça e o direito, a fim de promover a paz entre as pessoas em litígio. O objetivo visado é o bem comum, que não pode acontecer sem o temor a Deus e a reta conduta por parte de quem foi constituído para administrar o poder de julgar.

A legitimação do poder, na aplicação da justiça por homens escolhidos por Moisés, evidencia que o povo em marcha deve estar organizado para acolher o dom da revelação do Sinai. A experiência que Moisés fez de Deus se estenderá a todo o povo. No plano narrativo, essa experiência serve para fazer o povo pensar e agir como Moisés. Na obediência, ele poderá enfrentar os perigos, vencer as suas crises e alcançar o ideal da marcha pelo deserto: a Terra Prometida antecipada na experiência do encontro com o seu Deus libertador. Ao buscar resolver os problemas durante a marcha, Moisés e seus escolhidos apontavam para o modo como lidar com as situações que surgiriam na Terra Prometida. Uma vez instalados, os israelitas deveriam ser capazes de se lembrar das experiências do êxodo e, por elas, encontrar novas formas para lidar com os problemas oriundos da sedentarização.

Anexo –
Comentários patrísticos
a Ex 15,22–18,27

Pode-se afirmar que o Novo Testamento foi escrito à luz do Antigo Testamento. A relação primordial entre os dois Testamentos ficou estabelecida na dinâmica entre *promessa* e *realização*. Várias passagens dos Evangelhos aludem a essa dinâmica.[1] A *Carta aos Hebreus* mostra, de modo particular, como se verifica a continuidade e a descontinuidade entre a etapa da *preparação* e a etapa da *realização*. Além disso, o estudo e a interpretação dos escritos paulinos, com relação aos judeus e aos não judeus, proporcionou aos Padres da Igreja a possibilidade de formular e explicitar a fé, assegurando a presença, o papel e a importância do Antigo Testamento na vida das comunidades cristãs.

Assim, seguindo o exemplo dos autores do Novo Testamento, os Padres da Igreja superaram muitas dificuldades com relação à leitura e à compreensão do Antigo Testamento.[2] Uma das maiores dificuldades enfrentadas foi a proposta de leitura e interpretação feita por Marcião, que negava o valor do Antigo Testamento e somente aceitava do Novo Testamento aquilo que favorecia a imagem e a concepção de um Deus misericordioso e clemente. Ele, por isso,

---

[1] A título de exemplo: Mt 5,17; Mc 15,28; Lc 24,25-27; At 2; Gl 3,8.
[2] Os Padres da Igreja, quando comentavam os textos do Antigo Testamento, comentavam a partir da versão grega, dita LXX, da *Vetus Latina*, que era uma coleção de traduções do grego para o latim, e da Vulgata de Jerônimo. Orígenes, porém, se preocupou com o texto crítico, e elaborou um Antigo Testamento em seis colunas, contendo o texto hebraico, transliterado em caracteres gregos, e as versões gregas da LXX, de Áquila, Símaco e de Teodocião.

opôs o Deus do Antigo Testamento, considerado violento e cruel, ao Deus e Pai de Jesus Cristo, criando uma dicotomia entre os dois Testamentos (FRANGIOTTI, 1995, pp. 39-44).

A expansão do Cristianismo, para além dos confins da Palestina, e o contato com a cultura greco-romana, abrindo um novo e promissor campo de missão, trouxeram novos desafios para os sucessores dos apóstolos. Para superar as crises e as dificuldades, os Padres da Igreja leram e comentaram os textos do Antigo Testamento com uma ótica nova e diferente da leitura feita pelos hebreus: várias palavras e fatos foram interpretados à luz do que Deus tinha realizado *em* e *através* de Jesus Cristo. Por meio do seu Filho, Deus cumpriu as Escrituras. Desse modo, eles anunciavam, por completo, as Escrituras, e delas se serviam para manifestar a Divina Revelação.

O livro do Êxodo foi um dos mais comentados pelos Padres da Igreja, os quais, usando largamente o método alegórico, aplicaram diversos episódios e certos personagens a Jesus Cristo e à sua Igreja, vista como o novo povo de Deus que marcha rumo à eternidade definitiva na Jerusalém celeste. A fim de perceber a riqueza dessa metodologia, alguns acenos são oferecidos, agora, sobre os seis episódios que constituíram o objeto deste comentário bíblico.[3]

Ex 15,22-27

A água foi restabelecida na sua natureza: de amarga passou a doce através do lenho de Moisés. O lenho que torna doce a água amarga é Cristo, que cura, com o seu poder, as suas veias envenenadas, transformando-as em águas salvíficas do batismo (cf. Tertuliano, *O batismo* 9,2).

---

[3] As referências aos textos dos Padres da Igreja aqui citados foram feitas a partir da obra: *Ancient Christian Commentary on Scripture, Old Testament III, Exodus, Leviticus, Numbers, Deuteronomy* (edited by Joseph T. Lienhrard). Illinois: Inter Varsity Press, 2001 [trad. italiana de Marco Conti, *La Bibbia Commentata dai Padri. AT 2: Esodo, Levitico, Numeri, Deuteronomio*. Roma: Città Nuova, 2003, pp. 140-155].

Assim como as águas amargas de Mara se tornaram doces pelo lenho de Moisés, as águas do batismo não possuem serventia salvífica alguma se não estão associadas à cruz de Cristo. De fato, pelo mistério da cruz, as águas do batismo tornam-se um lavatório espiritual e uma bebida de salvação. Para que as águas se tornassem doces, Moisés lançou nelas o lenho, mas, para que as águas se tornem uma fonte de graça, o bispo lança sobre elas o anúncio da cruz do Senhor (cf. Ambrósio, *Os mistérios* 3,14).

Mara transforma-se pelo mistério da cruz de Jesus, e as setenta palmeiras lembram os setenta discípulos de Jesus, que são irrigados pelas ondas doces da Lei (cf. Jerônimo, *Cartas* 69,9).

Os filhos de Israel tinham diante de si uma fonte d'água, mas não podiam se servir dela. Era límpida aos olhos, mas amarga ao paladar. Moisés lançou o lenho, e as águas se tornaram potáveis, isto é, Moisés tirou dela a sua amargura. Tal fato aconteceu em prefiguração, pois a água amarga era a Lei do Antigo Testamento, que tinha necessidade de ser adoçada pela cruz de Cristo (cf. Máximo de Turim, *Sermões* 67,4).

Mara e Elim estão em claro contraste, porque Mara possuía uma fonte amarga, enquanto Elim possuía doze fontes puras; assim, a amargura da Lei necessitava ceder à riqueza da bondade evangélica. Em Mara encontrava-se a fadiga, e em Elim, depois do trabalho, recebia-se a palma da vitória, porque, depois do rigor da Lei, chegar à graça do Evangelho é vencer. Mediante a fonte, a língua do confessor é purificada, e, mediante a palma, honra-se a destra do mártir: a boca exultou pela glória de Cristo, e a mão porque rejeitou o altar do sacrilégio. Este é o contraste entre a Lei e o Evangelho (cf. Máximo de Turim, *Sermões* 68,2).

Após a saída do Egito, o povo encontrou repouso em Elim, no qual existiam doze fontes de água e setenta palmeiras. Elim significa "os carneiros" e, tanto pelo nome, como pelo aspecto, continha uma imagem sobre os apóstolos e os varões apostólicos (cf. Beda, *Sobre o Tabernáculo* 2,4).

Ex 16,1-36

A verdadeira libertação exige renúncia e o que aconteceu com o povo de Israel prefigurava o que pode acontecer e se repetir no cotidiano da vida cristã. De fato, todo aquele que renunciou a este mundo e às suas pompas, mas retorna, mesmo que seja em sua mente, às antigas tendências e desejos, repete como os israelitas: "Como estávamos bem no Egito!". Visto que muitos, dentre o povo libertado, demonstraram o desejo de regressar ao Egito, e morreram no deserto, somente alguns, dois, na verdade (Josué e Caleb), entraram na Terra Prometida. Disto resulta, como figura, a palavra do Evangelho, no qual muitos são os chamados, mas poucos os escolhidos (cf. Mt 22,14). Pouco fruto produz a renúncia corporal e a saída do Egito, como mudança de lugar ou de condição de vida, se tal renúncia não atinge o coração (cf. João Cassiano, *Conferência aos monges* I, 3,7).

O povo preferiu a comida do Egito ao maná divino, preferiu a comida amarga ao alimento celeste; preferiu a carne da opressão, vinda de hostis patrões, ao pão da liberdade. Merecem, então, que o alimento seja diminuído? Eles merecem a marca da escravidão, pois lhes desagradara o melhor alimento, o alimento dos libertos (cf. Novaciano, *Os alimentos judaicos* 4,5).

Durante quarenta anos, um orvalho produziu o pão que deveria nutrir o povo no deserto, sem que da terra crescesse algum arbusto, mas desse orvalho veio o "trigo" sobre a terra. O maná foi um dom do céu, o pão que não exigiu nenhuma fadiga ou serviço humano em um campo, visto que, com um doce orvalho, a providência celeste saciou os famintos (cf. Pedro Crisólogo, *Sermões* 166,4).

Do céu as codornizes precipitaram como chuva e os judeus receberam o maná para saciar a sua fome, mas para revelar que era uma prefiguração o Senhor não falou de maná, mas de pão celeste, que vindo do céu visualiza essa bênção, porque ele é o pão descido do céu (cf. Jo 6,51). Do Salmo 77 deriva o significado da palavra maná: "Que coisa é?", de modo que o problema sobre o nome foi resolvido com a afirmação: "Ele os saciou com o pão celeste". A verdadeira natureza do maná é o Senhor do céu (cf. Cassiodoro, *Exposição dos Salmos* 104,40).

Para os que saíram do Egito, guiados no deserto por uma coluna de fogo e de nuvem, desceu do céu o alimento parco e sutil, semelhante ao alimento dos anjos (cf. Sl 77,25), a fim de que os homens comessem o pão que alimentava a natureza angélica (cf. Orígenes, *Comentário ao Cântico dos Cânticos* 1,3-4).

"Que coisa é?" não é somente uma pergunta, mas é a interpretação do termo maná, mas é, também, a pergunta que todos devem sempre fazer no que diz respeito às Leis de Deus lidas na Igreja. Este é o significado do maná, e os que querem se alimentar dele desejam se alimentar da Palavra de Deus, sabendo que é algo pequeno e sutil como a semente do coentro (cf. Cesário de Arles, *Sermões* 102,3).

O maná é o alimento que Deus dispôs para nutrir a alma dos sábios, que os ilumina e adoça como um favo de mel, fazendo brilhar a verdade e alegrando com a doçura das várias virtudes como está escrito: Favos de mel, de fato, são os bons discursos (cf. Pr 16,24). O maná prometido é o pão celeste que nutre as almas dos sábios. O maná, pão que o Senhor dá de comer, é a Palavra de Deus que irriga a mente com o orvalho da sabedoria. Essa delicia os que dela provam e ilumina, com o esplendor da verdade, aqueles que a recebem, alegrando os que ouvem com a doçura das virtudes (cf. Ambrósio, *Cartas* 54,2; 55,7).

Assim como uma medida de maná era suficiente para cada pessoa, o Espírito Santo é infundido plenamente naquele que acredita. Ele é concedido em igual medida para todos, como o dia que nasce para todos e o sol que brilha sobre todos. Cristo é o Sol e o verdadeiro Dia que distribui, igualmente, sobre a sua Igreja a luz da vida eterna com a mesma medida. Esta equidade é celebrada no maná celeste, que caiu do céu como uma prefiguração do pão celeste e o alimento do Cristo que deveria vir. O maná foi dado igual para todos, sem fazer distinção de sexo ou de idade (cf. Cipriano, *Cartas* 69,14).

Para os que não conseguem se livrar da pobreza das coisas do mundo, ligados ao que sofre diminuição, serve o exemplo do maná. Houve uma punição, e o mesmo acontece com os que se deixam levar pela avidez. Os que recolheram o maná acima do que fora permitido, isto é, foram ávidos, descobriram que ele havia feito vermes. Há um só estômago para ser saciado. Assim, os comilões e beberrões, no luxo e na avidez, são punidos, porque não comem delicadezas, mas corrupção (cf. João Crisóstomo, *Homilias sobre 1 Coríntios* 40,5).

Com base nas Escrituras, antes de qualquer criatura, Deus gerou de si mesmo um poder racional, como um princípio anterior a todas as criaturas. O Espírito Santo indica este poder através de vários títulos. A glória do Senhor, que acompanhou os libertos, é um dos muitos títulos que a Escritura daria, a seguir, ao Filho primogênito. Ele pôde reclamar para si todos os títulos, porque realiza a vontade do Pai, o qual o gerou através de um ato da sua vontade (cf. Justino Mártir, *Diálogo com Trifão* 61,1).

Algumas passagens da Escritura não admitem um sentido exclusivamente literal. O maná, não obstante fosse um tipo específico de alimento, tinha um sabor diferente de acordo com o gosto de cada um. Cristo se oferece como pão para os que têm fome e como vinho para os que têm sede, mas também como suave fragrância para os que desejam delícias (cf. Orígenes, *Comentário ao Cântico dos Cânticos* 3,8).

O povo foi alimentado pelo maná durante quarenta anos, número que abre o céu para alimentar os filhos de Israel. Espera-se que, dos céus, desçam a chuva da graça celeste e o maná dos sacramentos espirituais que alimenta. O número quarenta é um número sagrado nas Escrituras (cf. Máximo de Turim, *Sermões* 50,3).

Ex 17,1-7

No momento em que o povo teve *sede de água*, murmurou contra Moisés. A que se refere essa murmuração redundante? O acréscimo serve para significar que o povo tinha sede de água, mas devia ter sede de justiça. Por isso, "bem-aventurados os que têm fome e sede de justiça" (Mt 5,6); "a minha alma tem sede do Deus vivo" (Sl 42,2). Muitas pessoas, justos e pecadores, têm sede, mas os primeiros são sedentos de justiça, enquanto os outros têm sede de dissipação. Os justos têm sede de Deus; e os pecadores de ouro. Então, é melhor ser saciado pela justiça do que pela água (cf. Cesário de Arles, *Sermões* 103,2).

Não são compreensíveis, aos olhos humanos, as atitudes de Moisés. Não obstante o povo ameaçasse lapidar Moisés, ele intercedeu pelo povo; preferiu ser cancelado do livro de Deus do que ver o povo destruído. Moisés prefigurava aquele Pastor que levaria sobre os ombros as ovelhas perdidas da casa de Israel (cf. Jerônimo, *Cartas* 82,3).

Há uma rocha que contém água. Todavia, a água deriva de uma rocha que deve ser golpeada. É o que se lê no Evangelho: "Aquele que crê em mim [...] rios de água viva fluirão do seu ventre" (Jo 7,38). Quando Cristo, que era a rocha, foi golpeado, isto é, traspassado sobre a cruz, fluíram as fontes do Novo Testamento. Se ele não fosse traspassado, para que, do seu lado aberto, descessem água e sangue, o mundo inteiro sofreria de sede extrema pela Palavra de Deus (cf. Cesário de Arles, *Sermões* 103,3).

A graça supera os limites da natureza porque pode operar de modo contrário à natureza, como a água que brota e jorra da rocha. Para que a rocha jorrasse água, a graça agiu. Supera a credibilidade de uma rocha que deu água, e a onda do mar que parou como um muro, o fato de uma virgem dar à luz um filho (cf. Ambrósio, *Os mistérios* 9,51; *Cartas* 15,7).

Ex 17,8-16

Amalec, com a sua atitude soberba, tornou-se um exemplo típico de todos os que se opõem ao plano de Deus, porque não quis conceder passagem aos israelitas (cf. Agostinho, *A Trindade* 4,15,20).

Os nomes Josué e Jesus são, em hebraico, o mesmo: Y*hoshua: *o Senhor salva*. O que Deus operou através de Josué, de forma provisória, tornou-se uma imagem da libertação definitiva que Deus operou através de Jesus Cristo. Como Josué saiu em combate para lutar contra o inimigo Amalec e o venceu, Jesus combateu as forças hostis que buscavam impedir o ser humano de voltar, isto é, de se converter para Deus (cf. Justino Mártir, *Diálogo com Trifão* 90,5; Tertuliano, *Polêmica com os judeus* 10,10).

Os olhos voltados para o alto, os braços abertos de Moisés e a pedra sobre a qual ele ficou sentado foram vistos como um sinal de Jesus Cristo, que, sendo a pedra angular da Igreja, venceu o mal por sua mediação e pelos seus braços abertos na cruz. Em outras palavras, os símbolos foram dados por Moisés, por Josué e pelos profetas, mas a verdade definitiva foi dada por meio de Jesus Cristo (cf. Agostinho, *A Trindade* 4,15,20; Gregório de Nazianzo, *Oração* 2,88; Justino Mártir, *Diálogo com Trifão* 90,5 e 97,1; João Crisóstomo, *Homilias sobre o Evangelho de João* 14; Máximo de Turim, *Sermões* 45,3; Gregório Magno, *Homilias sobre os Evangelhos* 33,8).

Ex 18,1-12

Cirilo de Alexandria considerou Jetro como alguém que prenunciava a fé cristã e que passou de uma fé mais antiga e menor para uma fé nova e maior. Beda, o venerável, e Nicolau de Lyra também interpretaram da mesma forma, vendo nesse episódio uma preocupação antecipada de Deus pelos gentios, que deveriam ser admitidos na Igreja (CHILDS, 1974, p. 333).

Ex 18,13-27

O foco recai sobre a pessoa de Moisés, mostrando que ele, apesar de ter sido escolhido para liderar os israelitas, foi capaz de aceitar os conselhos de um não hebreu. A postura de abertura de Moisés em relação ao seu sogro aconteceu porque a verdade somente pode derivar de Deus. Um bom conselho não deve ser atribuído à pessoa que o emite, mas, em última instância, ao Deus imutável e verdadeiro. Moisés, ao ouvir e ao acolher o conselho do sogro, não obstante ele fosse um estrangeiro, não estava sendo diminuído na sua missão de condutor do povo eleito. Por detrás da atitude de Moisés estão a valorização da humildade e a prudência (cf. Agostinho, *A Doutrina cristã, Prólogo* 7).

Moisés escolheu e estabeleceu os homens que deveriam ensinar o povo a ler e a escrever, antes que conhecessem a Lei divina. Essa tarefa foi desempenhada pelos *grammatoeisagogòi*, que são os mestres responsáveis por iniciar ou introduzir os alunos na arte da leitura e da escrita (cf. Agostinho, *A Cidade de Deus* 18,39).

Não obstante Moisés falasse com Deus, foi reprovado por Jetro, que, com o seu conselho, apontou para a inutilidade das picuinhas terrenas a serem deixadas e para a grandeza da missão de Moisés, que devia estar livre para aprender realidades espirituais. Para que isso acontecesse, houve a necessidade de estabelecer juízes aptos a resolver os litígios entre o povo. Moisés, assim, poderia se ocupar, livremente, dos mistérios espirituais e ensiná-los ao povo (cf. Gregório Magno, *A regra pastoral* 2,7).

No gesto de Moisés, que ouve e coloca em prática o conselho de Jetro, ficou evidenciado que ele foi mais humilde que o seu sogro. Quem recebeu a missão de libertar e conduzir o povo, realizando sinais tão grandes e prodigiosos no Egito, no Mar Vermelho e no deserto, foi também capaz de se mostrar uma pessoa ordinária, sem se indignar ou apelar para os feitos operados por meio dele diante do seu sogro (cf. João Crisóstomo, *Homilia sobre 1 Coríntios* 1,4).

Referências bibliográficas

Instrumentos de ajuda

BAR-EFRAT, Shimon. *Wie die Bibel erzählt*; alttestamentliche Texte als literarisches Kunstwerk verstehen. Gütersloh: Gütersloher Verlagshaus, 2006.

BIBLIA HEBRAICA STUTTGARTENSIA. Stuttgart: Deutsche Bibelgesellschaft, 1997[5].

FRANCISCO, Edson de Faria. *Manual da Bíblia Hebraica*; introdução ao texto massorético; guia introdutório para a Bíblia Hebraica Stuttgartensia. São Paulo: Vida Nova, 2008[3].

JENNI, Ernst; WESTERMANN, Claus, *Diccionario teológico manual del Antiguo Testamento*. Madri: Cristiandad, 1978. v. 1 e 2.

JOÜON, Paulo; MURAOKA, Takamitsu. *A grammar of biblical Hebrew*; volume I: part one: orthography and phonetics. part two: morphology; volume II: part three: syntax. paradigms and indices. Roma: Pontificio Istituto Bibllico, 1991. (Coleção Subsidia Biblica 14/I e 14/II).

KÖNIG, Eduard. *Stilistik, Rhetorik, Poetik in Bezug auf die biblische Literatur*. Leipzig: Dieterich'sche Verlagsbuchhandlung Theodor Weicher, 1900.

LAMBDIN, Thomas O. *Gramática do hebraico bíblico*. São Paulo: Paulus, 2003.

MANDELKERN, Solomon. *Veteris Testamenti Concordantiae Hebraicae atque Chaldaicae, R-Z*. Austria: Akademische Druck, 1975.

PONTIFÍCIA COMISSÃO BÍBLICA. *Bíblia e moral*; raízes bíblicas do agir cristão. São Paulo: Paulinas, 2009. (Coleção Documentos da Igreja, n. 25).

_____. *O povo judeu e suas Sagradas Escrituras na Bíblia cristã*. São Paulo: Paulinas, 2001. (Coleção Documentos da Igreja, 8).

SCHÖKEL, Luis Alonso. *Dicionário bíblico hebraico-português*. São Paulo: Paulus, 1997.

SCHROER, Silvia. *Die Tiere in der Bibel*; eine kulturgeschichtliche Reise. Freiburg: Herder, 2010.

SEYBOLD, Klaus. *Poetik der erzählenden Literatur im Alten Testament*. Stuttgart: Kohlhammer, 2006. (Coleção Poetologische Studien zum Alten Testament, 2).

SIMIAN-YOFRE, Horácio (coord.); GARGANO, Innocenzo; SKA, Jean Louis; PISANO, Stephen. *Metodologia do Antigo Testamento*. São Paulo: Loyola, 2000. (Coleção Bíblica Loyola, 28).

SKA, Jean Louis. *"Our fathers have told us"*; introduction to the analysis of Hebrew narratives. Roma: Pontificio Istituto Biblico, 2000.

VAUX, Roland de. *Instituições de Israel no Antigo Testamento*. São Paulo: Editora Teológica, 2003.

WALTKE, Bruce K.; O'CONNOR, M. *An introduction to Biblical Hebrew syntax*. Winona Lake, Indiana: Eisenbrauns, 1990.

ZOHARY, Michael. *Pflanzen der Bibel*; vollständiges Handbuch. Stuttgart: Calwer, 1986².

ZWICKEL, Wolfgang. *Atlas bíblico*. São Paulo: Paulinas, 2010.

Literatura exegética

AZEVEDO, Walmor Oliveira de. *Êxodo como paradigma para a compreensão da Bíblia na América Latina*. In: Revista de cultura teológica, 31 (2000), pp. 19-44.

BRAULIK, Georg. *Deuteronomium 1–16,17*. Würzburg: Echter, 1986. (Coleção Die Neue Echter Bibel. Kommentar zum Alten Testament mit der Einheitsübersetzung).

CHILDS, Brevard S. *El Libro del Éxodo*. Comentario crítico y teológico. EVD, Estella 2003.

CLEMENTS, Ronald. E. *Exodus*. London: Oliphants, 1971.

COATS, George. W. Moses versus Amalek: aetiology and legend in Exodus XVII,8-16. *VTSup* 28 (1975), pp. 29-41.

CRAGHAN, John F. Êxodo. In: BERGANT, Dianne; KARRIS, Robert J. *Comentário Bíblico*. São Paulo: Loyola, 1999². v. I.

CRÜSEMANN, Frank. Freiheit durch Erzählen von Freiheit: zur Geschichte des Exodus-Motivs. In: Evangelische Theologie, 61 (2001), pp. 102-118.

_____.; ÖHLER, Markus. Älteste. In: CRÜSEMANN, Frank; HUNGAR, Kristian; JANSSEN, Claudia; KESSLER, Rainer; SCHOTTROFF, Luise (Orgs.). *Sozialgeschichtliches Wörterbuch zur Bibel*. Gütersloh: Verlagshaus, 2009. pp. 10-11.

DA SILVA, A. J. A história de Israel na pesquisa atual. In: FARIAS, J. de F. *História de Israel e as pesquisas mais recentes*. Petrópolis: Vozes, 2003. pp. 43-87.

DE PURY, A.; RÖMER, T. O Pentateuco em questão: posição do problema e breve história da pesquisa. In: PURY, A. de (org.). *O Pentateuco em questão*; as origens e a composição dos cinco primeiros livros da Bíblia à luz das pesquisas recentes. Petrópolis: Vozes, 2002². pp. 15-85.

DIETZFELBINGER, R. Ex 17,8-16 und Dt 25,17-19 beim Wort genommen. *Sefarad* 55 (1995), pp. 41-60.

DOHMEN, Christoph. *Exodus 19–40*. Freiburg: Herder, 2004. (Coleção Herders Theologischer Kommentar zum Alten Testament).

DURHAM, J. I. *Exodus*; Word Biblical Commentary, v. 3. Texas: Word Books, 1987.

FANULI, A. As "tradições" nos livros históricos do AT. Novas orientações. In: FABRIS, R. (org.). *Problemas e perspectivas das ciências bíblicas*. São Paulo: Loyola, 1993. pp. 11-35.

FINKELSTEIN, I.; SILBERMAN, N. A. *La Bibbia tra storia e mito*. Roma, Carocci, 2002.

FISCHER, Georg. L'immagine di Mosè nella Bibbia ebraica. In: OTTO, Eckart. *Mosè, Egito e Antigo Testamento*. Paideia: Brescia, 2006. pp. 105-150.

FISCHER, Georg. Das Mosebild der Hebräischen Bibel. In: OTTO, Eckart. *Mose. Ägypten und das Alte Testament*. Stuttgart: Katholisches Bibelwerk, 2000. pp. 84-120. (Coleção Stuttgarter Bibelstudien, 189).

FISCHER, Georg; MARKL, Dominik. *Das Buch Exodus*. Stuttgart: Katholisches Bibelwerk, 2009. (Coleção Neuer Stuttgarter Kommentar Altes Testament).

FRANGIOTTI, Roque. *História das heresias*; (séculos I-VII); conflitos ideológicos dentro do cristianismo. São Paulo: Paulus, 1995.

GARCÍA LOPEZ, F. *O Deuteronômio, uma lei pregada*. São Paulo: Paulinas, 1992.

_____. *O Pentateuco*. Ave-Maria, São Paulo 2004. v. 3a.

GOTTWALD, Norman G. *Introdução socioliterária à Bíblia Hebraica*. São Paulo: Paulus, 1988.

GRENZER, Matthias. Ação inversora do destino dos pobres. Um estudo do Salmo 113. *Atualidade Teológica* 36, XIV (2010), pp. 441-452.

_____. *O projeto do êxodo*. São Paulo: Paulinas, 2007². (Coleção Bíblia e História).

GRYLAK, M. *Reflexões sobre a Torá*. São Paulo: Sefer, 1998.

KEEL, Othmar. *Die Welt der altorientalischen Bildsymbolik und das Alte Testament*; am Beispiel der Psalmen. Göttingen, Vandenhoeck & Ruprecht, 1996[5].

LEVINE, Baruch A. *Numbers 1-20*; a new translation with introduction and commentary. New York: Doubleday, 1993. (Coleção The Anchor Bible, 4A).

LIENHARD, J. T. (org.). *La Bibbia commentata dai Padri*; AT 2: Esodo, Levitico, Numeri, Deuteronomio. Roma: Città Nuova, 2003.

LIVERANI, M. *Oltre la Bibbia*; storia antica di Israele. Roma/Bari: Laterza, 2003.

LOHFINK, Norbert. "Ich bin Jahwe, dein Arzt" (Ex 15,26). Gott, Gesellschaft und menschliche Gesundheit in einer nachexilischen Pentateuchbearbeitung (Ex 15,25b.26). In: LOHFINK, Norbert. *Studien zum Pentateuch*. Stuttgart: Katholisches Bibelwerk, 1988. pp. 91-155. (Coleção Stuttgarter Biblische Aufsatzbände Altes Testament, 4).

_____. Gott auf der Seite der Armen. Zur "Option für die Armen" im Alten Orient und in der Bibel. In: LOHFINK, Norbert. *Das Jüdische am Christentum*; die verlorene Dimension. Freiburg: Herder, 1989[2].

_____. Zum "kleinen geschichtlichen Credo" Dt 26,5-9. In: LOHFINK, Norbert. *Studien zum Deuteronomium und zur deuteronomistischen Literatur I*. Stuttgart: Katholisches Bibelwerk, 1990. pp. 263-290. (Coleção Stuttgarter Biblische Aufsatzbände Altes Testament, 8).

MATTINGLY, G. L. Amalek. In: FREEDMAN, D. N. (org.). *The Anchor Bible Dictionary*. New York: Doubleday, 1992. v. 1, pp. 169-171.

MICHAELI, F. *Le livre de L'Exode*. Paris: Delachaux et Niestlé, 1974.

NOTH, Martin. *Das zweite Buch Mose: Exodus*. Göttingen: Vandenhoeck & Ruprecht, 1988[8]. (Coleção Das Alte Testament Deutsch, 5).

PROPP, William H. C. *Exodus 1-18*; a new translation with introduction and commentary. New York: Doubleday, 1998. (Coleção The Anchor Bible, 2).

RENDTORFF, R. *The canonical Hebrew Bible*; a theology of the Old Testament. Netherlands: Deo, 2005.

ROBINSON, B. P. Israel and Amalek. The Context of Exodus 17,8-16. *JSOT* 32 (1985), pp. 15-22.

SCHARBERT, Josef. *Exodus*. Würzburg: Echter, 1989. (Coleção Die Neue Echer Bibel. Kommentar zum Alten Testament mit der Einheitsübersetzung).

SCHMID, H. H. Rumo a uma teologia do Pentateuco. In: PURY, A. de (org.). *O Pentateuco em questão*; as origens e a composição dos cinco primeiros livros da Bíblia à luz das pesquisas recentes. Petrópolis: Vozes, 2002[2]. pp. 315-316.

SCHÖKEL, Luis Afonso. *Salvezza e liberazione*; l'esodo. Bologna: EDB, 1997.

SCHWANTES, Milton. *Projetos de esperança*; meditações sobre Gênesis 1-11. São Paulo: Paulinas, 2009[2]. (Coleção Bíblia na mão do povo).

SICRE, J. L. *Introdução ao Antigo Testamento*. Petrópolis: Vozes, 1994.

SIMIAN-YOFRE, H. מַטֶּה. In: *Grande lessico dell'Antico Testamento*. Brescia: Paideia, 2004. v. IV, pp. 1107-1116.

SKA, Jean Louis. *Introdução à leitura do Pentateuco*; chaves para a interpretação dos cinco primeiros livros da Bíblia. São Paulo: Loyola, 2003. (Coleção Bíblica Loyola, 37).

_____. Le repas de Ex 24,11. *Bib* 74 (1993), pp. 305-327.

STAUBLI, Thomas. Die Bücher Levitikus, Numeri. Stuttgart: Katholisches Bibelwerk, 1996. (Coleção Neuer Stuttgarter Kommentar Altes Testament).

VOGELS, W. *Moisés e suas múltiplas facetas*; do Êxodo ao Deuteronômio. São Paulo: Paulinas, 2003.

ZENGER, Erich. *Einleitung in das Alte Testament*. Stuttgart: Kohlhammer, 2008[7]. (Coleção Studienbücher Theologie).

_____. (org.). *Introdução ao Antigo Testamento*. São Paulo: Loyola, 2003.

_____. *Israel am Sinai*; Analysen und Interpretationen zu Exodus 17–34. Altenberg: Akademische Bibliothek, 1985.

_____. *O Deus da Bíblia*; estudo sobre os inícios da fé em Deus no Antigo Testamento. São Paulo: Paulinas, 1989.

_____. O tema da "saída do Egito" e a origem do Pentateuco. In: PURY, A. de (org.). *O Pentateuco em questão*; as origens e a composição dos cinco primeiros livros da Bíblia à luz das pesquisas recentes. Petrópolis: Vozes, 2002[2]. pp. 241-249.

Sumário

IIntrodução 5

Água em Mara e Elim (Ex 15,22-27) 9
Contexto e composição 9
Tradução e paralelos 10
Comentários 12
Atualização pastoral 23

Maná e codornizes no deserto de Sin (Ex 16,1-36) 27
Contexto e composição 27
Tradução e paralelos 29
Comentários 33
Atualização pastoral 58

Água em Rafidim, posterior Massa e Meriba (Ex 17,1-7) 61
Contexto e composição 61
Tradução e paralelos 63
Comentários 63
Atualização pastoral 76

Josué enfrenta Amalec (Ex 17,8-16) 79
Contexto e composição 79
Tradução e paralelos 88
Comentários 88
Atualização pastoral 104

Jetro reconhece o Senhor, Deus de Israel (Ex 18,1-12) 111
Contexto e composição 111

Tradução e paralelos 123
Comentários 123
Atualização pastoral 144

Moisés escuta os conselhos de Jetro (Ex 18,13-27) 151
Contexto e composição 151
Tradução e paralelos 161
Comentários 162
Atualização pastoral 185

Anexo – Comentários patrísticos a Ex 15,22–18,27 193
Ex 15,22-27 194
Ex 16,1-36 196
Ex 17,1-7 199
Ex 17,8-16 200
Ex 18,1-12 200
Ex 18,13-27 201

Referências bibliográficas 203
Instrumentos de ajuda 203
Literatura exegética 204

Impresso na gráfica da
Pia Sociedade Filhas de São Paulo
Via Raposo Tavares, km 19,145
05577-300 - São Paulo, SP - Brasil - 2011